Agresividad en terapia de juego

Agresividad en terapia de juego

Un enfoque neurobiológico para la integración de la intensidad

LISA DION

PRÓLOGO DE BONNIE BADENOCH

Nota para los lectores: Los estándares del ejercicio clínico y los protocolos cambian con el tiempo, y no se garantiza que ninguna técnica o recomendación sean seguras ni eficaces en todas las circunstancias. Este volumen pretende ser una fuente de información general para los profesionales que ejercen en el campo de la psicoterapia y la salud mental; no es un sustituto de una capacitación adecuada, la revisión de pares o la supervisión clínica. Ni la editorial ni la autora pueden garantizar la completa exactitud, eficacia o idoneidad en todos los aspectos de ninguna recomendación particular.

Impreso en los Estados Unidos
Primera edición 2018 por W. W. Norton Publishing Co.

Diseño: Marla Yadira Garcia

ISBN: 978-1-7368731-0-6
E-book ISBN: 978-1-7368731-1-3

2   3   4   5   6   7   8   9   0

Contenido

Este libro está dedicado a todos mis clientes infantiles, a mis estudiantes y a mi propia hija, Avery, por enseñarme que la mejor forma de navegar por situaciones difíciles es ser uno mismo y respirar profundo.

Prólogo

Hoy más que nunca somos conscientes tanto de la fragilidad como de la resiliencia de nuestros niños. La neurociencia relacional ha iluminado las formas en que sus cerebros aún en desarrollo responden a las abrumadoras experiencias de dolor y miedo, guardándolas en un lugar remoto para que, cuando se produzcan las condiciones interpersonales necesarias, puedan sanar. Hasta que llegue esa ayuda, la memoria de estos eventos traumáticos moldea sus pensamientos, sentimientos, comportamientos y relaciones en modos que, a menudo y comprensiblemente, incitan miedo, confusión y, a veces, represalias en los adultos que los rodean. Esto es particularmente cierto si la forma en que el niño se adapta y expresa su aflicción es a través de la ira y la agresividad.

¿Cómo, entonces, podemos ayudar a estos niños? Hace dos años, cuando conocí a Lisa, me resultó evidente que tenía una comprensión diferente del valor de la agresividad a la visión preponderante en nuestra cultura. En lugar de verla como una conducta inadecuada que debe corregirse, ella entendía que se trataba de una estrategia adaptativa necesaria del niño al enfrentarse a experiencias incontrolables de miedo y dolor. Hay algo muy hermoso y posiblemente curativo en considerar que la ira y la agresividad forman parte de la lista de maneras legítimas en que expresamos nuestro malestar y nos protegemos. El neurocientífico afectivo Jaak Panksepp (Panksepp y Bivens, 2012) estaría de acuerdo. Él defiende que en las raíces de nuestra vida emocional se instala la IRA, uno de los siete sistemas emocionales-motivacionales que se activa sobre todo cuando nos sentimos solos por el dolor y el miedo. A menudo es el último grito de ayuda antes de que colapsemos en inmovilidad. Es igualmente una potente comunicación de la profundidad del dolor y el miedo que hemos soportado.

Cuando Lisa sugiere que miremos más allá del comportamiento y veamos al niño que hay dentro de las acciones, y que "estemos con él" en lugar de tratar de cambiar o arreglar lo que el niño está haciendo, está llegando hasta las raíces de cómo acoger y trabajar con la agresividad puede ser un vehículo para la sanación del trauma en la terapia de juego. De hecho, dar la espalda a la exploración de la agresividad es dejar partes del trauma ocultas y desintegradas. Cimentando su trabajo en la sabiduría de la teoría polivagal de Stephen Porges, Lisa ofrece un camino hacia la regulación y la integración de estos estados hiperexcitados dentro del seno de la relación terapéutica.

Esto se convierte en el segundo e igualmente importante foco de su libro. ¿Cómo podemos los terapeutas prepararnos para "estar con" la agresividad para poder contener lo que traigan nuestros niños al consultorio? Lisa responde a esto con fundamentos abundantes, sabios y empáticos para los terapeutas de juego. Nunca subestima el desafío que supone presenciar las intensas emociones y comportamientos altamente energizados, y reconoce que nuestra propia historia de exposición a la agresividad o de ser agresivos nosotros mismos podrá ser tocada y salir a la luz. En cambio, propone la atención plena (*mindfulness*), la respiración, el movimiento y nombrar nuestro estado interno para cultivar la consciencia interna necesaria y la expansión de nuestra ventana de tolerancia, lo que nos permitirá convertirnos en correguladores externos junto con nuestros pequeños. Al combinar información estable acerca de cómo nuestro sistema nervioso autónomo responde al trauma y la conexión interpersonal, y cómo los recuerdos traumáticos pueden ser integrados (combustible para el hemisferio cerebral izquierdo) con historias, reflexiones y prácticas (combustible para el hemisferio cerebral derecho), establece una clara vía para aumentar gradualmente nuestra capacidad de ser un recurso confiable para nuestros niños.

Partiendo de esta base, entrelaza muchas habilidades que proporcionan especificaciones reconfortantes en que basarse en esta difícil labor. La práctica de expresar nuestra verdad más auténtica sobre lo que estamos viviendo, ya sea como observadores o participantes en el juego ("Tengo miedo". "No entiendo por qué se pelean".) sin dejar de recordar que solo es un juego es un elemento central. Este concepto es la piedra angular de su comprensión del poder de la resonancia para que los niños sepan que están siendo escuchados con precisión y también para servir de ejemplo en la regulación de estos estados. A medida que los terapeutas seamos capaces de mantener nuestras propias activaciones en el amplio contexto de nuestra ventana de tolerancia, nuestros pequeños aprenderán a hacer lo mismo. Lisa habla sobre los límites como un beneficio principalmente para el terapeuta que está a punto de desbordarse, sobre el ciclo constante de ruptura y reparación que nos libera de la carga de la perfección, y sobre el juego con la muerte como una habilidad esencial para sanar un sistema nervioso hipo-activado. Pero, sobre todo, habla de su fe en el poder de la díada para crear juntos un espacio de sanación. Este libro está repleto de sabiduría, esperanza, apoyo y acompañamiento —los elementos esenciales que todos necesitamos al ponernos a disposición de estos jóvenes tan sumamente vulnerables y resilientes—.

Bonnie Badenoch
Vancouver, Washington
1 de julio de 2018

Introducción

En 2002, entré a mi primer sala de terapia de juego como terapeuta de juego. Estaba emocionada y aterrorizada al mismo tiempo. Al igual que muchos terapeutas de juego en sus inicios, no tenía mucha capacitación a mis espaldas. Estaba realizando mi pasantía, aventurándome en el mundo de la terapia infantil por primera vez. Realmente no sabía qué hacer más que jugar y tratar de conectar con el niño de 9 años que estaba esperando a que, de alguna manera, yo lo ayudara a transformar su dolor. De alguna forma, se suponía que debía saber cómo hacerlo.

A medida que fui trabajando con más y más niños, me dediqué a aprender todas las teorías y modelos de terapia de juego que pude. Leí libros, asistí a conferencias, participé en cursos intensivos de una semana. Quería entender cómo trabajar con los niños, pero, en todo lo que estudiaba, siempre echaba en falta algo. A medida que progresaba en mis estudios, me vi buscando el por qué y el cómo funciona la terapia de juego. Sentí que, al comprenderlo, podría propiciar una sanación más profunda de mis clientes infantiles.

Mi carrera como terapeuta de juego me llevó por un recorrido profesional en las agencias de adopción, los hogares de acogida, los equipos de tratamiento de los servicios sociales, las salas de orientación escolar, los orfanatos, los entornos hospitalarios y mi propio consultorio de terapia de juego. Independientemente de dónde fuera, los niños con trauma me encontraban. Esto suponía que los niños con comportamientos agresivos me encontraran, o tal vez nos encontráramos mutuamente.

Este libro aborda uno de los mayores problemas que cada terapeuta de juego experimenta, pero a menudo quiere evitar: la agresividad. La agresividad puede ser tan aterradora y abrumadora que a veces queremos enterrar la cabeza y fingir que no existe realmente. Como mínimo, a veces solo queremos lograr que se detenga y desaparezca. La agresividad ha conseguido asustarnos tanto que, cuando se manifiesta, nuestro primer impulso suele ser aplacarla.

Me gustaría decirles que fui a un curso y aprendí exactamente qué hacer cuando la agresividad hace acto de presencia en la sala de terapia de juego, para poder apoyar a estos niños, pero no fue así. En aquel entonces, muy pocas capacitaciones y escritos se enmarcaban en el campo específico del trabajo con la agresividad. Fueron los niños y mi intuición los que me enseñaron.

Vivimos en una cultura que enseña a los niños que la agresividad está mal. Entonces gran parte de la educación sobre la agresividad que los niños reciben en la escuela y en sus hogares se basa en el comportamiento. En mi opinión, estamos ignorando al niño que hay detrás de la conducta. La lección más importante que los niños me han enseñado a lo largo de los años es a mirar más allá de sus comportamientos para poder verlos. Me han enseñado que su agresividad es una extensión del miedo y la desregulación que albergan en su interior, impulsada por la percepción de sí mismos y del mundo que los rodea. Me han enseñado a "estar con ellos", en lugar de tratar de "hacer cosas dirigidas a ellos" con el fin de ayudarlos a transformarse.

Con el nacimiento de los campos de la neurociencia y la neurobiología interpersonal, los hallazgos le han dado una voz a lo que mis clientes han estado tratando de enseñarme a lo largo de los años y lo que yo intuía en la sala de terapia de juego: que los terapeutas que no esconden su versión más auténtica y no tienen miedo a acercarse a la agresividad y convertirse en reguladores externos son uno de los elementos clave en la transformación de la agresividad. Cuando empezamos a ir más allá de la modificación del comportamiento hacia una comprensión de lo que está sucediendo en el cerebro y el cuerpo de nuestros clientes, se abre una nueva oportunidad para la integración.

Por primera vez en la historia, contamos con investigaciones y podemos comprender lo que está sucediendo en el interior del cliente, en el interior del terapeuta, así como entre ambos, para guiarnos mas profundo en la relación y empezar a trabajar con la agresividad y la integración de la intensidad de maneras que permitan una transformación más profunda.

Este libro es el recurso que me gustaría haber tenido en mi estantería hace dieciséis años.

Algunas partes de este libro se incluyen también en mi primer libro autoeditado, *Integrating Extremes: Aggression and Death in the Playroom* (La integración de los extremos: La agresividad y la muerte en la sala de juegos). El libro que ahora tiene entre sus manos es una versión actualizada, transformada, de ese otro, repleto de más historias, más conocimientos y más neurociencia.

A medida que lea este libro, descubrirá que está hecho tanto para usted como para sus clientes menores. La agresividad afecta tanto al terapeuta como al cliente en la sala de terapia de juego. Un libro que solo abordara técnicas e ideas sobre cómo ayudar a los niños a disminuir su agresividad se perdería uno de los factores más importantes de la ecuación: usted. A diario, los terapeutas de juego están en la primera línea de batalla con los niños, sintiendo la intensidad de juego y sus historias. Como tal, los terapeutas de juego están muy expuestos al desgaste y a la fatiga por compasión. Este libro abordará cómo ayudar a los niños a integrar su agresividad y también les mostrará a los terapeutas cómo trabajar de forma que proteja su propia salud y la regulación de su sistema nervioso.

Mi objetivo ha sido escribir un libro que presente conocimientos y lo inspire a aceptar su papel plenamente en la sala de terapia de juego. He sido testigo una y otra vez de la magia que se produce cuando los terapeutas se permiten mostrarse plenamente, dando ejemplo de autorregulación y de una profunda conexión consigo mismos. Creo que son los momentos en los que trascendemos nuestros "debería", en los que nos dejamos guiar por una sabiduría más profunda.

Cuando uno se aleja y evita sus emociones y sensaciones, se pierde a sí mismo y su centro. Quiero darle permiso para avanzar hacia la ira, la agresividad y otras emociones intensas. Acéptelas con todo su ser. Aprenda a bailar con ellas para que pueda transformar su energía y dejar que descubran nuevas posibilidades para usted y sus clientes. Trascienda sus creencias limitantes con respecto a la agresividad para que pueda despertar su certeza y presencia.

Es en este espacio donde se propicia la sanación profunda para nuestros clientes y para nosotros mismos. Espero que este libro le proporcione herramientas para ayudarlo a navegar el juego agresivo. Y espero que en algún lugar en este libro encuentre esperanza y nuevas oportunidades.

También me gustaría pedirle que no olvide ser paciente consigo mismo en este viaje. Usted es el juguete más importante en la sala de terapia de juego.

1

Agresividad en la sala de terapía de juego

Las espadas volaban. Estaba esquivando y bloqueando los golpes, pero apenas podía seguir el ritmo de los espadazos de este niño de 5 años. Estaba empezando a sentirme abrumada. En este torbellino de energía, lo único que mi cerebro estaba registrando era "Protégete, protégete, protégete". Segundos después, sentí que algo duro me golpeó en la cabeza. El dolor me devolvió al momento presente, e inmediatamente supe que no era la espada lo que estaba usando. Sin la capacidad de bloquear una respuesta auténtica, me dejé caer al suelo con lágrimas en los ojos y solté: "Tengo miedo". Este niño, que fue testigo y víctima de violencia doméstica, me miró a los ojos, bajó las armas y se acurrucó en mi regazo. Comenzó a mecerse suavemente hacia adelante y hacia atrás diciendo: "Yo también. Yo también". En ese momento, finalmente entendí su mundo. Lo sentí en lo más hondo de mi ser.

En mi sesión con Carlos, cuando la sensación de agobio se volvió excesiva, perdí mi capacidad de permanecer presente. Me inundaron las emociones y me desconecté. Fue el golpe en la cabeza lo que me trajo de vuelta. La conmoción y el dolor fueron tan intensos que no pude bloquear mi respuesta auténtica y, cuando Carlos me vio caer al suelo con lágrimas en los ojos, supo que yo estaba siendo real y que entendía su miedo. De hecho, ese momento cambió el curso de nuestra terapia juntos. Su juego centrado en el trauma se integró y disminuyó significativamente, y la relación entre nosotros se profundizó a un nivel que no esperaba. La experiencia también me llevó a una investigación profunda sobre el juego agresivo, los límites y el autocuidado del terapeuta.

A través de mis roles como supervisora y maestra, he escuchado cientos de historias de terapeutas sobre su confusión y luchas emocionales con respecto al juego agresivo. También me han hablado del dolor físico que han soportado al tratar de ayudar a algunos de sus clientes menores. He escuchado historias de sesiones llenas de juegos que contienen peleas de espadas, matar a alguien y dejarlo morir, ser esposado y encerrado, explosiones, desmembramientos, bebés heridos, intrusiones sexuales y abusos físicos. Cada vez que enseño talleres sobre este tema, les pido a los participantes que levanten la mano si alguna vez se lastimaron o pensaron que iban a lastimarse en una sesión de terapia de juego. Y cada vez, más del 90 % de la audiencia levanta la mano. He escuchado a los terapeutas cuestionar su papel en la sala de terapia de juego, cuestionar si quieren ser terapeutas de juego o no y, lo que es más importante, cuestionarse a sí mismos. Lo entiendo. Yo también he batallado con estos dilemas.

En mis primeros pasos como terapeuta de juego, descubrí que tenía la capacidad de trabajar con altos niveles de trauma con enfoques tanto no directivos como directivos, pero nadie me enseñó cómo evitar absorber el alto nivel de energía intensa que se deriva de participar o ser testigo de este tipo de juego. Después de las sesiones, a menudo me sentía desgastada, cansada y alterada. Pero también veía que los niños con los que trabajaba estaban transformándose y empoderándose. Su juego se estaba integrando y sus síntomas disminuían. Quería ayudarlos a sanar, pero no ser un saco de boxeo o el bote de basura del trauma. Independientemente de si estaba observando al niño jugar de manera agresiva o siendo el objeto directo de su agresividad, la energía era tan irritante para mi sistema nervioso que sabía que tenía que cambiar algo o, de lo contrario, corría un alto riesgo de experimentar fatiga por compasión, desgaste o lesiones.

Momentos de claridad, como la que se produjo cuando Carlos me golpeó en la cabeza mientras jugábamos, junto con los mensajes que recibía al escuchar a mi cuerpo, inspiraron mi viaje para descubrir cómo ayudar a los niños a sanar mediante el uso de métodos que los apoyen a ellos como clientes y a mí como su terapeuta. Gracias a los miles de niños con los que he trabajado directa e indirectamente y a los terapeutas que han tenido la valentía de compartir sus luchas conmigo, tengo una nueva perspectiva sobre el juego agresivo, que compartiré con usted en este libro.

UN NUEVO PARADIGMA PROMETEDOR

Agresividad en la terapia de juego introduce una perspectiva de la agresividad desde la comprensión del sistema nervioso y la neurobiología interpersonal. Cuando analizamos la agresividad desde esta perspectiva, empezamos a entender que la biología de los niños está tratando de integrar sus estados simpático (hiperexcitado) y parasimpático dorsal (hipoexcitado) a medida que trabajan a través de sus sensaciones y recuerdos traumáticos. También nos ayuda a entender el papel del terapeuta para fomentar la regulación y contribuir a reconfigurar el sistema nervioso de un niño, mientras promueve integración. Ambos son componentes necesarios para convertir el juego agresivo en un mecanismo terapéutico, lo que abordaremos en este libro.

Este libro es para profesionales de la salud mental que trabajan con niños de edades comprendidas entre los 3 y los 12 años, en cuyo juego muestran un alto nivel de intensidad y agresividad. Navegar por luchas de espada, ser esposados y recibir disparos, y presenciar el juego violento mientras se conserva una presencia en el momento y se facilita la intensidad no es tarea fácil. A menudo, nos lleva al límite de nuestra capacidad para mantener la energía en la sala de juegos y nos perdemos por un momento (o más). Este libro presenta un paradigma que nos devuelve a nuestro ser para que podamos ayudar a los niños a lograr una sanación profunda y logremos acceder a las partes más auténticas de nosotros mismos en el proceso. Es el arte de aprender cómo ser reales en la sala de juegos al tiempo que facilitamos un profundo nivel de sanación para el niño. Aunque este libro se centra en la intensidad que se crea con la agresividad en la sala de terapia de juego, la biología de todos los niños está tratando de integrar sus estados híper e hipoexcitados cuando manifiestan sus percepciones a través de juego. Por ello, lo que aprenda en este libro lo ayudará con todos sus clientes, no solo con los más difíciles.

La mayoría de nosotros decidimos convertirnos en terapeutas de juego porque tenemos un deseo sincero de ayudar a los niños. Nos guía el anhelo de contribuir a que los niños sanen. No elegimos esta profesión para recibir daños físicos o emocionales, pero a veces se producen. El nuevo paradigma que estoy presentando es un marco para ayudarnos a trabajar de manera auténtica con la intensidad de juego agresivo sin lastimarnos o hacer que nuestro sistema nervioso comience a apagarse en respuesta a la intensidad, que es el primer paso para fomentar la integración de la agresividad.

Lo que va a aprender se cimienta en la neurociencia y en lo que sucede en la mente. Es una plantilla para ayudarle a entender cómo trabajar con la intensidad y su correspondiente impacto en el sistema nervioso, así como una guía para ayudarle a comprender cómo lograr que el juego agresivo sea terapéutico. No es una receta exacta, como podrá comprobar pronto. Está en sus manos sintonizarse con las necesidades particulares de un momento dado en la sala de terapia de juego.

ENTENDER LOS CONCEPTOS BÁSICOS

Este libro reconoce y respeta los beneficios terapéuticos y el poder de juego. Jugar fomenta el bienestar emocional, facilita la comunicación, aumenta las fortalezas personales y mejora las relaciones sociales de los niños (Schaeffer y Drewes, 2012). La terapia de juego está ampliamente establecida como intervención terapéutica apropiada para el desarrollo de los niños (Bratton y Ray, 2000; Bratton, Ray, Rhide, y Jones, 2005).

La información contenida en este libro tampoco es un sustituto de las habilidades básicas de la terapia de juego, sino que supone una adición a lo que ya sabe hacer en la sala de terapia de juego. La formación de algunos lectores puede tener un enfoque menos directivo, mientras que la de otros podría ser más directiva. La elección entre un abordaje más o menos directivo es suya. En general, yo tiendo a ser menos directiva, pero me vuelvo más directiva cuando se necesita más contención o si el juego infantil requiere una intervención más directiva para apoyar su sanación. Los ejemplos de este libro tienen una naturaleza menos directiva, pero toda la información que se presenta puede integrarse fácilmente en un enfoque más directivo. Estoy convencida de que el conocimiento de ambos enfoques es importante, ya que no todos los modelos se ajustan a todos los niños, y se necesitan enfoques diferentes en diferentes momentos del proceso de un niño.

A VECES LA TERAPIA DE JUEGO NO BASTA

Con la mayoría de los niños con los que trabaje, podrá añadir el marco que voy a enseñarle a su capacitación actual para ayudarlos a integrar sus experiencias traumáticas, manteniendo su propia seguridad y minimizando los signos de fatiga por compasión de su propio sistema nervioso. En otros casos, será solo una pieza del rompecabezas. Es importante reconocer que cada niño necesita algo diferente y que, a veces, la terapia de juego por sí sola no es suficiente para algunos niños. Los niños que han experimentado eventos altamente traumáticos a menudo necesitan apoyo adicional, como terapia ocupacional, terapia del habla, apoyo académico o terapia de juego intensiva con la familia. Los cuidadores de estos niños también suelen necesitar un apoyo intensivo en sus labores de crianza como padres. Siempre que sea posible, asegúrese de que está trabajando con la familia y los cuidadores para darles las herramientas y el apoyo que necesitan porque ellos también requieren nuestra ayuda a lo largo de este viaje. Emplee su mejor juicio clínico para saber cuándo necesita traer ayuda y apoyo adicionales. Por último, me gustaría añadir que es importante no hacer este trabajo solo. Recurra a la supervisión y el apoyo de sus colegas para ayudarlo a procesar lo que está experimentando en las sesiones. Este trabajo no es fácil.

LA TERAPIA DE JUEGO SINERGÉTICA

La base del paradigma que presento en este libro está influenciada por la terapia de juego sinergética, un modelo que creé y que enseño. Recurro a mis propias historias en la sala de terapia de juego y a algunos de los principios de este modelo para ayudarnos a explorar lo que está pasando entre el terapeuta y el niño durante el juego agresivo. Usted no tiene que ser un terapeuta de juego sinergético o haber estudiado este modelo de terapia para entender los conceptos de este libro. La terapia de juego sinergética combina las propiedades terapéuticas de juego con la regulación del sistema nervioso, la neurobiología interpersonal, la física, la teoría del apego, la atención plena (*mindfulness*), y la autenticidad del terapeuta. Sus principales influencias son las teorías de la terapia de juego centrada en los niños, la experimental, y la de Gestalt.

Aunque la terapia de juego sinergética es un modelo de terapia de juego, a menudo se considera también una manera de relacionarse con uno mismo y con los demás. La filosofía del modelo es un paradigma abarcador que se puede aplicar a cualquier faceta de la vida; y, posteriormente, cualquier modelo de terapia de juego puede aplicarse a ella o viceversa. Como modelo, la terapia de juego sinergética es a la vez no directiva y directiva en su aplicación. Utilice la información de este libro para profundizar en cualquier tipo de terapia de juego que lleve a cabo. La información lo ayudará a comprenderse mejor en la sala de terapia de juego y le mostrará cómo facilitar el juego agresivo de una manera que realmente permita la sanación para el niño y para usted. (Visite synergeticplaytherapy. com para obtener más información sobre este modelo).

JUGAR CON INTENSIDAD

Como terapeutas, nuestra participación en el juego agresivo consiste en dos formas principales: una de ellas es el juego dramático en el que debemos participar activamente. Puede tratarse de una lucha de espadas, un tiroteo, ser esposado y arrestado, resultar herido, o morir a manos de la otra persona. La otra forma se da cuando adoptamos el papel del observador. En este juego, vemos cómo el niño libra una batalla campal en la bandeja de arena, crea imágenes intensas a través del arte, apila bloques y los derrumba a patadas, hace que los juguetes de peluche se enzarcen en una pelea, o abandona a los muñecos dejándolos solos y desprotegidos. Tanto si somos participantes activos u observadores en este tipo de juego, se trata de algo intenso porque activa tanto en el estado simpático (hiperexcitado) como el parasimpático dorsal (hipoexcitado) de nuestro sistema nervioso. Ambos extremos son incómodos, por lo que nuestra reacción instintiva con frecuencia es evitarlos.

Es normal que los terapeutas nos sintamos algo incómodos con las energías extremas, sobre todo si no sabemos qué hacer con ellas o lo que significan. Seamos honestos, ¡puede dar miedo! Si tenemos asociaciones negativas en nuestra historia personal que se asemejen remotamente o nos recuerden a esa energía, es aún más aterrador, y probablemente se activen nuestros patrones de protección. Esto es normal y hay que esperarlo. Facilitar el juego agresivo no consiste en evitar, o intentar evitar, la intensidad, sino en tratar de aprender cómo estar consigo mismo y con su experiencia para que pueda dar un paso al frente hacia lo que está experimentando, lo que, a su vez, crea la oportunidad de cambiar su propio cableado neuronal y sus patrones de protección. Una vez que aprenda a mantenerse conectado a sí mismo en medio del temor, puede administrar e integrar lo que esté experimentando. Este libro le enseñará cómo lograrlo de modo que usted pueda trasladárselo a sus clientes.

En mi opinión, muchos terapeutas de juego no están bien formados en cómo conseguir que el juego agresivo sea terapéutico, ya que gran parte de lo aprenden es cómo detener o controlar la agresividad. También considero que muchos terapeutas de juego no entienden cómo manejar la intensidad de sus propios cuerpos para que no desarrollen signos de fatiga por compasión o desgaste.

Estas opiniones están fundadas en mis observaciones a lo largo de los años en este campo, mientras supervisaba y capacitaba a terapeutas en el ámbito de las consultas privadas, las agencias, los departamentos de servicios sociales, y los hospitales y escuelas, tanto a nivel nacional como internacional. He observado el impacto que esto ha tenido en muchos terapeutas, incluida yo misma. Dado que no somos superhéroes, los altos niveles de intensidad pueden afectar nuestra vida fuera de la sala de juegos. Antes de que tuviera una comprensión de la neurobiología y cómo funciona la mente, o de que supiera cómo utilizar la regulación en una sesión de terapia, tuve muchas sesiones en las que salí pensando "¡Me acaban de fulminar emocionalmente durante 45 minutos!" o simplemente sentía que todo era "demasiado". A veces, incluso me lo tomé personalmente y me sentí enojada con el niño. A menudo, mi alteración permeaba otras áreas de mi vida, lo que nos dejaba a mis seres queridos y a mí frustrados y abrumados.

Me di cuenta de que tenemos que trabajar con nuestra experiencia o nos pasaremos el tiempo abrumados o abatidos, lo que nos expone al desgaste y a la fatiga por compasión. Los hay que empiezan a tener pesadillas, contestan mal a sus seres queridos, o les cuesta no pensar en sus clientes cuando no están en la oficina. Otra reacción frecuente es volverse insensibles o paralizados emocionalmente. También es posible experimentar signos o síntomas de depresión o volvernos sumamente analíticos, tratando obsesivamente de averiguar qué les pasó a ciertos niños para distraernos de nuestros propios sentimientos. Todos estos son síntomas de un sistema nervioso desregulado; es decir, un sistema fuera de control como resultado de nuestras propias percepciones y nuestra falta de regulación.

NO ESTÁ SOLO

Si usted se ha sentido abrumado, abatido, agotado físicamente o falto de sueño y temía ver a ciertos clientes, no está solo. ¿Alguna vez ha mirado su horario y pensado, "¡Oh, no! Tengo que ver a Pepe a las 4", mientras siente cómo la intensidad o el agotamiento de la última sesión regresa a su cuerpo? Si es así, sabe de lo que estoy hablando. Quiero que sepa que todo esto es común y normal. Todavía no he conocido a un solo terapeuta de juego que no haya lidiado con esto en algún momento. La razón de que estos síntomas sean normales es que nuestros cerebros están configurados para percibir la agresividad como una posible amenaza porque instintivamente sabemos que nuestra seguridad puede estar en peligro. No es de extrañar, por tanto, que nos empequeñezcamos cuando un cliente empieza a correr por la sala disparándonos, arrojándonos juguetes, dejándonos morir o creando un juego agresivo para que nosotros observemos.

USTED ES EL PUNTO DE PARTIDA

Integrar la intensidad y lograr que el juego agresivo sea terapéutico comienza con usted, el terapeuta. Voy a hacer hincapié en esto a lo largo de este libro. Esto puede ser un cambio de paradigma si ha aprendido que su único trabajo es darle espacio al cliente y mantener su propia experiencia a raya. Voy a utilizar las investigaciones y la neurociencia para mostrar por qué usted es uno de los componentes claves para que el juego agresivo sea terapéutico. Como tal, los próximos capítulos van a enseñarle cómo manejar lo ︙cediendo en su cuerpo durante sus sesiones, a la vez que ︙ lo que hay que hacer cuando la agresividad hace acto de presencia en la sala de juegos. Prepárese para embarcarse en un viaje personal a medida que ahonde en este libro.

CÓMO ELEGIR LOS JUGUETES PARA TRABAJAR EL TRAUMA

Con los años, he visto una amplia gama de juguetes agresivos en la sala de juegos: cuchillos de plástico, esposas, sacos de boxeo, todo tipo de espadas, y todo tipo de pistolas, desde las de agua de cinco centímetros hasta ametralladoras de plástico que parecen reales por su aspecto y sonido. Lo que no he visto es una correlación entre la apariencia de los juguetes y la profundidad a la que llegarán los niños en su trabajo con ellos. He visto niños que se resisten a ahondar más por otras razones, pero nunca ha sido por los propios juguetes.

Los niños usarán lo que esté disponible para hacer su trabajo. Mi recomendación es que los terapeutas tengan juguetes agresivos para ayudar a los niños a trabajar a través de sus emociones y recuerdos traumáticos, pero no creo que los juguetes tengan que parecer reales. Por ejemplo, los niños usarán una pistola fluorescente de agua de cinco centímetros de la misma manera que una ametralladora de juguete que parece real. (Para la pistola de agua, asegúrese de llenar el agujero con plastilina y sacar el tapón a menos que realmente desee que se utilice como pistola de agua). El uso de juguetes que no parecen armas reales ayuda a mantener la agresividad dentro de la sala de terapia de juego, debido a que el énfasis está en la facilitación y la integración de la energía agresiva, en lugar de disparar al terapeuta con un arma que se ve real.

Para elegir los juguetes de su sala de juegos, considere los que hacen su papel, pero no necesariamente se asemejan al objeto real.

Por ejemplo, he descubierto que la mejor espada es un tubo de espuma de piscina cortado por la mitad para tener dos. Son baratos, no se doblan como la mayoría de las espadas de juguete y no lastiman. Ponga las espadas hechas con tubos de piscina junto a un escudo y los niños sabrán exactamente qué hacer con ellas. Ya que no parecen espadas, también se pueden utilizar de otras maneras.

Considerar cuidadosamente los tipos de juguetes agresivos que tener en la sala de juegos también ayudará a trabajar más eficazmente con los padres y cuidadores de los niños. La mayoría de los padres verán la sala de juegos en un momento u otro, y los padres que se sientan incómodos con la agresividad expresarán el miedo o el rechazo a los juguetes agresivos que haya. Los juguetes que se ven menos amenazantes promueven la sanación sin desencadenar la respuesta de miedo de los padres. Si algún padre expresa preocupación por los juguetes agresivos, usted tiene la opción de sacar esos juguetes de la sala. Los niños podrán hacer su trabajo independientemente de si un juguete en particular está disponible o no. Si tienen que trabajar en la agresividad, convertirán un marcador en un cuchillo, harán una pistola con piezas de Lego, o usarán su dedo índice y pulgar para disparar. También puede optar por educar a los padres sobre la importancia de juego agresivo en el proceso de la terapia de juego.

Ahora que hemos cubierto algunos conceptos básicos, agarre sus espadas, escudos y cascos y adentrémonos en la exploración de la agresividad en la sala de terapia de juego.

PUNTOS CLAVE DEL CAPÍTULO 1

- Comprender la agresividad en la terapia de juego desde la perspectiva del sistema nervioso y la neurobiología interpersonal lo ayuda a entender su papel y cómo lograr que la sesión sea terapéutica.

- *Agresividad en la terapia de juego* es un recurso que debe combinarse con los conocimientos básicos de la terapia de juego previamente aprendidos.

- La información contenida en este libro se basa en la neurociencia, la neurobiología interpersonal y los principios de la terapia de juego sinergética. Toda ella se puede aplicar tanto a los enfoques directivos como no directivos en la terapia de juego.

- ¡Transformar el juego agresivo en terapéutico comienza con usted! Y no puede hacer el trabajo solo. La supervisión y el apoyo son cruciales.

- Es importante elegir juguetes agresivos que cumplan su papel, pero no necesariamente se parezcan al objeto real. Esto ayuda a no promover la agresividad fuera de la sala de juegos.

2

Explorar una nueva perspectiva: aceptar la agresividad

La agresividad es un síntoma de la activación del sistema nervioso simpático cuando un niño está percibiendo una amenaza o un desafío. El diccionario Oxford define la agresividad como "conducta hostil o violenta" o actitudes hacia el prójimo con una "disposición al ataque o la confrontación". Es una respuesta biológica normal que surge cuando nuestro sentido de la seguridad o nuestras ideas acerca de lo que pensamos que somos, de lo que se supone que son los demás, y la forma en que suponemos que debe funcionar el mundo se ven comprometidas. La agresividad puede expresarse hacia el exterior, como al pegar, morder, patear o gritar, o hacia el interior, lo que resulta en conductas autolesivas.

Este libro se centra en la agresividad que emerge a través de juego del niño en una sesión de terapia de juego.

LA SALA DE TERAPIA DE JUEGO ES EL LUGAR PERFECTO PARA LA AGRESIVIDAD

Cuando los niños comienzan a jugar de forma agresiva en una sesión, podemos quedar atrapados al tratar de decidir si debemos permitirlo o, por el contrario, detenerlo. "¿Está bien?". "¿Debo permitirlo?". "Si jugamos así, ¿va a jugar así con sus amigos?". "Estoy promoviendo la agresividad?"."¿Estoy reproduciendo el trauma?". "¿Debería estar enseñando las normas sociales como que pegar no es correcto?". Estas son las preguntas que escucho cada vez que enseño un seminario sobre el trabajo con la agresividad. Estas preguntas hablan de la confusión que surge con frecuencia en nuestro interior. Sin la comprensión de lo que la agresividad significa verdaderamente o cómo trabajar con ella, a menudo tendemos por defecto a lo que consideramos lo correcto, si bien puede no ser lo más terapéutico.

La sala de terapia de juego es el lugar seguro y contenido de los niños para explorar todo lo que necesiten explorar para ayudarles a sentirse mejor. Es también el lugar donde pueden hacer y decir cosas, y desenvolverse de formas que podrían no considerarse aceptables fuera de la sala de terapia de juego.

Cuando estamos apoyando a los niños para trabajar en las experiencias que han percibido como traumáticas, tenemos que estar dispuestos a dejar entrar en la sala cualquier aspecto del trauma necesario para que el niño pueda trabajar a través de él con nuestra ayuda. Esto incluye la agresividad.

Sacar la agresividad de la sala de terapia de juego o decirle a los niños que su agresividad no está bien puede suprimir un aspecto importante de lo que necesitan explorar para poder sanar. La ironía es que, si los niños no son capaces de explorar los impulsos y pensamientos agresivos que llevan dentro durante una sesión de terapia de juego, pueden verse obligados a continuar expresando su agresividad fuera de la sala de terapia de juego con el fin de explorarla. En nuestros intentos de detenerla, realmente podemos estar ensalzándola.

Por esta razón, considero que la sala de terapia de juego es el lugar perfecto para la agresividad.

Agresividad en terapia de juego ofrece maneras para hacer que la exploración de la agresividad sea terapéutica sin promoverla fuera de la sala de la terapia de juego. Lo increíble es que, a medida que ayudamos a nuestros clientes infantiles a explorar sus impulsos agresivos de formas que promuevan la sanación, también estamos enseñándoles cómo relacionarse con los demás.

CATARSIS

Es importante que diferenciemos lo que se enseña en este libro de la teoría de la catarsis. El concepto de catarsis se remonta a Aristóteles, cuando se sugirió que la observación de obras trágicas era una manera de que los espectadores liberaran sus emociones negativas. La palabra *catarsis* significa limpiar o purgar. La idea que subyace a la teoría de la catarsis es que la gente acumula agresividad y presiones en su interior, y la liberación de estas emociones negativas disminuye la tensión y, en última instancia, conduce a una menor agresividad. Esta idea ha dado lugar a intervenciones terapéuticas tales como dar puñetazos a almohadas, tirar cosas y gritar, entre otras. Gran parte de las investigaciones en relación con la catarsis como manera de disminuir la agresividad muestran que desfogar la agresividad en realidad crea más odio y hostilidad (Bushman, 2002; Geen y Quanty, 1977).

Esto tiene importantes implicaciones para los terapeutas de juego cuando la agresividad se hace presente en la sala. ¿Permitimos que el niño simplemente se desfogue? ¿Dejamos que le dé una paliza a un saco de boxeo? ¿Lo alentamos a golpear una almohada para "soltar lo que lleva dentro"? ¿Dejamos que juegue agresivamente con los juguetes? La inquietud, por supuesto, es que, si permitimos que el niño haga estas cosas, aumente la agresividad o, como mínimo, anime al niño a actuar más agresivamente fuera de la sala de terapia de juego. Lo que este libro propone es la integración, no la catarsis. La integración requiere la atención plena (*mindfulness*) y la regulación mientras los niños están explorando sus pensamientos, sentimientos y sensaciones corporales.

Antes de comenzar a explorar el sistema nervioso y lo que ocurre en la sala de terapia de juego cuando un niño se vuelve agresivo, primero debemos analizar el paradigma cultural actual.

NO DESTERRAR LA AGRESIVIDAD

Examinemos una situación común experimentada por la mayoría de los niños. Imagínese que David, de 4 años, está afuera en el patio de su escuela de preescolar. Está jugando con su juguete favorito, el camión. Este no es cualquier camión; es un camión de carga. Se puede poner arena en la parte trasera y, luego, volcarla. David está totalmente fascinado por este camión. Cuando David está explorando todo lo que puede hacer con él, otro niño se le acerca y le quita el camión de las manos. En un instante, David pasa de estar feliz a furioso. Se levanta y se acerca al niño que acaba de tomar su camión y lo empuja.

He presentado este escenario en muchos de mis cursos y luego pedido a mis estudiantes que compartan conmigo lo que creen que sucedería a continuación. Las respuestas son unánimes. Lo más probable es que un maestro se acerque a David y le diga que use sus palabras, y que no debemos hacer daño a nuestros amigos. También podrían pedirle que abandone el patio.

Voy a pedir que analicen a fondo este escenario, ya que esto se ha convertido en la norma cultural para hacer frente a la agresividad. Cuando la agresividad da la cara, la respuesta es decirle a un niño que no está bien.

¿Qué aprendió David en este escenario? ¿Está usted listo para la verdad? David posiblemente aprendió que, cuando tiene un impulso en su cuerpo, no debe confiar en él. Tal vez también aprendió a desconectarse de su cuerpo con el fin de seguir una serie de reglas y de ser aceptado. David no aprendió casi nada acerca de los impulsos agresivos en su interior, aparte de que están equivocados. Tampoco aprendió cómo entender lo que estaba sucediendo dentro de él, la forma de honrar los impulsos de su cuerpo y de redirigir su expresión.

Vivimos en una cultura que repetidamente les transmite el mensaje a los niños de que la agresividad no es aceptable, y luego nos preguntamos por qué muchos niños al crecer se convierten en adultos violentos. *Lo que suprimimos acaba saliendo.* Como mínimo, los niños crecen aprendiendo a no entender y confiar en sus instintos e impulsos, lo que con el tiempo puede provocar una relación inconexa con sus cuerpos. También conduce a sentimientos de vergüenza y culpabilidad cuando no se sienten enojados y agresivos. El desafío es que nuestros cuerpos tienen los mecanismos para reunir toda la información que necesitamos para desarrollar la empatía, leer las señales no verbales de los demás y sintonizarnos a ellos. No es de extrañar que tantos adultos tengan problemas con sus relaciones.

Como terapeutas, podemos aplicar este mismo entendimiento en la sala de terapia de juego. Dar por finalizada la sesión o usar la palabra *no* son medidas frecuentes en la terapia de juego cuando un niño se vuelve agresivo con el terapeuta o los juguetes. Por supuesto, hay un momento y lugar para esto, como veremos cuando nos fijemos en los límites, pero el riesgo de terminar las sesiones y usar *no* como palabra comodín es que el juego se interrumpe y los niños no logran aprender nada sobre ellos mismos. En cambio, se centran en si el terapeuta acepta o no su conducta, y se pierde una oportunidad terapéutica mucho más profunda. Las preguntas fundamentales son: ¿Cómo enseñar a los niños a reconocer y manejar los impulsos agresivos en sus cuerpos, sin avergonzarlos o promover la desconexión de su experiencia? ¿Cómo convertimos la agresividad en una experiencia plenamente consciente, en la que los niños puedan empezar a conocerse a sí mismos y a transformar la agresividad, diferenciándola de la catarsis? Debemos plantearnos estas preguntas, en lugar de enfocarnos solo en si el comportamiento es correcto o incorrecto.

Encontrar maneras de ayudar a los niños cuando son agresivos sin avergonzarlos o interrumpir el juego es increíblemente importante. Como he señalado anteriormente, la sala de terapia de juego es el lugar perfecto para que los niños tengan permiso para explorar este estado emocional desafiante de una manera que promueva la curación, fomente nuevos patrones y no los avergüence, pero requiere que los terapeutas hagan un autoanálisis de su propia historia con la agresividad y presten atención a lo que hacen cuando la agresividad hace acto de presencia en la sala de terapia de juego.

VERGÜENZA

Cuando los niños representan o juegan de forma agresiva, a menudo interiorizan los mensajes que les llegan de que su comportamiento no es aceptable. Esto puede conducir a la interiorización de la vergüenza. Para muchos niños, cuando echan la vista atrás y se dan cuenta de lo que pasó, quién se vio afectado y lo que se dijo, la vergüenza puede aumentar aún más. El tema es que, en el momento en que los niños se volvieron agresivos, estaban teniendo una reacción natural en sus cuerpos a la percepción de un desafío o amenaza.

Recuerdo que hace años estaba trabajando con un niño pequeño y, cuando fui a buscarlo en la sala de espera, estaba sentado lejos de su madre y no se veía feliz. Cuando se puso de pie y comenzó a caminar hacia mí, su madre me dijo que había sido expulsado del aula ese día en la escuela. La cabeza de mi cliente se hundió en su pecho al oír la decepción y la condena en la voz de su madre. Durante nuestra sesión, actuó la escena que había sucedido ese día en la escuela. Lo interesante de su actuación fue que su énfasis estaba puesto en la confusión que sentía por lo que había hecho. ¿Era malo? ¿Era bueno? No tenía ni idea y esto era lo que estaba tratando de clasificar.

La vergüenza, la culpa y la confusión era palpable en su juego mientras trataba de procesar los mensajes que había oído en boca de otros con respecto a lo que había sucedido. Mientras actuaba, me di cuenta de que estaba tratando de ayudarme a entenderlo. Cuando le dije, "Todo esto es muy confuso. Es difícil saber si lo que pasó fue bueno o malo", me miró y empezó a hablar de lo que había sucedido. Compartió conmigo que el niño al que pegó había chocado con él y lo había tomado por sorpresa. Él había respondido sorprendiendo al niño también con un golpe. En su mente, él había estado siguiendo el impulso de su cuerpo y la reacción ante el miedo. No había elegido conscientemente pegar al niño, sino que había respondido rápidamente. A continuación, lo castigaron.

Este cliente me ha enseñado mucho acerca de la vergüenza y la confusión que los niños sienten a menudo como resultado de la forma en que los adultos de sus vidas manejan la agresividad que expresan. Esto también incluye en la sala de terapia de juego.

Las claves para lograr que la agresividad sea terapéutica que vamos a explorar son:

1. Los terapeutas deben convertirse en los reguladores externos para ayudar a modular la intensidad. Los niños

deben ser capaces de tomar prestada la capacidad reguladora del terapeuta.

2. Cualquier intervención debe animar a los niños a ser plenamente conscientes de los pensamientos, sentimientos y sensaciones que viven en sus cuerpos.

3. Los terapeutas deben ser un ejemplo para que los niños sepan cómo permanecer conectados a sí mismos en medio de la intensidad, de modo que los niños puedan observar y aprender formas alternativas de trabajar con ella.

4. Los terapeutas deben ser auténticos y congruentes para fomentar una sensación de seguridad en los niños. Si no es así, los niños elevarán el juego al siguiente nivel.

5. Deben establecerse límites cuando la agresividad se sale de la ventana de tolerancia del terapeuta y cuando hay una preocupación genuina por la seguridad.

6. Los terapeutas deben crear una neurocepción de la seguridad en caso de que se produzca una inundación emocional, para ayudar a los niños a volver a sus ventanas de tolerancia.

Le estoy pidiendo que haga el cambio y deje de ver la agresividad como mala y abandone la necesidad de *hacer algo dirigido al niño* para aprender a *estar con el niño*. Le estoy pidiendo que se adentre en el mundo de la experiencia del hemisferio cerebral derecho y, para ello, debe aprender a *sentir* lo que está sucediendo entre usted y el niño.

PUNTOS CLAVE DEL CAPÍTULO 2

- La agresividad es un síntoma de la activación del sistema nervioso simpático cuando un niño percibe una amenaza o un desafío. Es una respuesta biológica normal.

- Comprender lo que significa la agresividad elimina la confusión de qué hacer con ella y hace de la sala de terapia juego un lugar seguro para que salga a la luz.

- La integración, no la catarsis, es la meta y el objetivo de la agresividad en la sala de terapia de juego.

- A los niños a menudo se les transmite el mensaje de que la agresividad está mal y no es aceptable, pero lo que suprimimos acaba saliendo. En un intento por detener la agresividad, podemos estar promoviéndola.

- La vergüenza y los mensajes de que la agresividad no está bien pueden dar lugar a niños que aprenden a no confiar en sí mismos y a una relación inconexa con los impulsos de sus cuerpos.

- La pregunta central que tenemos que hacernos es, "¿Cómo enseñamos a los niños a reconocer y manejar los impulsos agresivos que sientan en sus cuerpos sin avergonzarlos o sin fomentar una desconexión con su experiencia?".

3

Comprender el
sistema nervioso

*Utilizamos la relación con nuestros clientes
para permitirles "volver a experimentar afectos
desregulados en dosis afectivamente tolerables
en el contexto de un entorno seguro, de modo
que sus sentimientos traumáticos abrumadores
puedan regularse e integrarse en la vida
emocional del paciente".*

Allan Schore (2003, p. 37)

La comprensión de cómo el cerebro y el sistema nervioso procesan información nos da una visión más clara de lo que está pasando cuando un niño se vuelve agresivo o juega agresivamente en una sesión de terapia de juego. Saber cómo el cerebro y el sistema nervioso interpretan la información e influyen en los síntomas corporales también nos ayuda a trabajar con los comportamientos e impulsos infantiles que tradicionalmente podríamos juzgar como "malos". Nos ayuda a entender que, además de ayudar a los niños a integrar sus recuerdos y experiencias traumáticos, trabajar con la agresividad también requiere un rediseño del sistema nervioso de los niños y una comprensión más profunda de nuestro papel en la sala de terapia de juego.

Abrámosle la puerta al razonamiento, ¡es hora de adentrarnos en el cerebro!

Según Joe Dispenza, autor de *Evolve your brain: The science of changing your mind* (2007), nuestro cerebro procesa 400,000,000,000 bits de datos sensoriales por segundo. Nuestros cerebros están constantemente recibiendo y procesando datos sensoriales relacionados con nuestro entorno exterior —lo que vemos, olemos, tocamos, oímos y saboreamos—, así como los datos sensoriales relacionados con nuestro entorno interior —nuestros niveles hormonales, los niveles de glucosa, la frecuencia cardíaca y la temperatura corporal, entre otros—.

Esta es una cantidad extraordinaria de información que nuestro cerebro debe integrar, y aquí está lo realmente increíble: solo somos conscientes de 2,000 bits por segundo (Dispenza, 2007). Deténgase por un momento y considere la relevancia de ese detalle. Si somos conscientes de menos del 1 % de todos los datos sensoriales, la mayor parte de lo que experimentamos no está ni siquiera en nuestro radar consciente. Es decir, no somos conscientes de la gran mayoría de la información que absorbemos. La registramos a un nivel implícito, lo que significa que nuestro cuerpo la registra, pero nuestra mente no es consciente de ello. La razón por la que esto es tan importante es que, en la sala de terapia de juego, los terapeutas sienten mucho más de lo que se permiten ser conscientes. Independientemente de si su mente consciente lo registra o no, su cuerpo es consciente de lo que está pasando y está respondiendo en consecuencia.

Una vez que todos estos datos sensoriales entran en nuestro cerebro, recorren su camino hasta la amígdala, situada en la zona límbica del cerebro. La amígdala desempeña un rol muy importante: es la parte del cerebro que determina si los datos que recibe deben identificarse como una posible amenaza. Toma una decisión inmediata sobre si hay una amenaza presente basándose en la experiencia y el conocimiento previos. Básicamente, se pregunta, "¿he visto estos datos antes? ¿Sé algo acerca de ellos? ¿Necesito tener miedo? ¿Tengo que protegerme? ¿Qué sé acerca de esta combinación de datos sensoriales?" Si la amígdala decide que hay una amenaza, enviará una señal para activar el sistema nervioso autónomo, pidiéndole una respuesta.

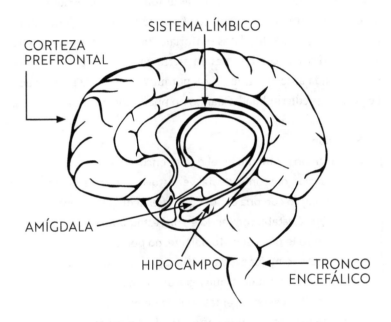

¿Se ha preguntado alguna vez por qué dos personas diferentes pueden tener distintas respuestas a un evento traumático ante la misma situación? ¿O cómo un niño puede tener más síntomas que sus hermanos, a pesar de que todos ellos se hayan criado en el mismo ambiente? ¿O por qué un niño puede salir de una situación trágica con poca desregulación y otro presentar síntomas de trastorno de estrés postraumático (TEPT)? El trauma depende completamente de la percepción del evento y de si somos capaces de integrar los datos.

DEFINICIÓN DE NUESTRO SISTEMA NERVIOSO DE UNA AMENAZA

Cuando oímos la palabra *amenaza,* solemos pensar en algo que está desafiando nuestra seguridad física, pero la definición de la amígdala de una amenaza es mucho más amplia que eso. He identificado otras tres amenazas que el cerebro está tratando de encontrar. Además de escanear los datos sensoriales para detectar una posible amenaza física, el cerebro está en alerta para lo desconocido. Esta es la segunda amenaza que busca, porque al cerebro le gusta saber. Le gusta la predictibilidad. Cuando no puede encontrarla, se asusta.

> **Reflexión**
> Piense en un momento en el que se encontró ante
> una situación desconocida. Tal vez estuviera viajando e
> interactuando con una cultura que le era completamente
> ajena. Quizá estaba comiendo en un restaurante y, cuando
> el camarero le puso el plato delante, no podía decir lo
> que era. O a lo mejor perdió un trabajo y se despertó al
> día siguiente sin saber lo que iba a ocurrir a continuación.
> Si se permite regresar mentalmente a un momento en
> el que se haya tenido que enfrentar a lo desconocido,
> recordará que se detuvo por un segundo. Esa es una
> respuesta normal y necesaria.

Al recordar de nuevo la situación desconocida en cuestión, seguramente coincida en que no era lo desconocido en sí lo que le daba miedo, sino las asociaciones y recuerdos sobre las posibilidades de lo que podría ocurrir ante lo desconocido. Proyectamos nuestras experiencias pasadas no integradas en lo desconocido, y es aquí donde la sensación de amenaza se activa.

La tercera amenaza o desafío que busca el cerebro es una incongruencia en el entorno. Volvamos a la historia compartí en el capítulo 1. Cuando estaba participando en la lucha de espadas con Carlos, no estaba siendo congruente. Estaba desempeñando un papel, como en un juego de rol, que es lo que me habían enseñado a hacer en mi formación en terapia de juego. No me daba permiso para decir en voz alta cómo me sentía realmente cuando la espada me embestía con fuerza y rapidez. Y, sin duda, no estaba regulando la experiencia. En su lugar, solo estaba siendo objeto de ella y, a medida que pasaba el tiempo, estaba menos centrada. El resultado fue que Carlos continuó subiendo la intensidad. ¿Por qué? Por mi incongruencia. Le estaba dando señales mixtas. Mis señales no verbales estaban gritando que estaba asustada, pero el resto de mí estaba tratando de mantener la calma y no perder la compostura. ¡Yo formaba parte de la amenaza! Yo también tuve que subir la intensidad hasta que consiguió una respuesta auténticamente congruente por mi parte.

¿Alguna vez se ha fijado en qué pasa con su cuerpo y sus emociones cuando alguien lo confronta con "deberías" o usted mismo lo hace? Párese a pensar en ello por un momento. ¿Qué ocurre cuando escucha mensajes como, "Debería pasar más tiempo haciendo esto" o "No debería actuar de esa manera"? ¿Qué ocurre cuando usted se dice a sí mismo, "No debería sentirme así" o "No debería haber dicho eso"?

> **Reflexión**
> Piense en un "debería" que usted se haya dicho a sí mismo
> recientemente. Cierre los ojos y repítase su "debería"
> varias veces, y observe lo que sucede en su cuerpo.
> Si se fija detenidamente, notará que probablemente
> ha experimentado cierto grado de desregulación. El

nerviosismo, la irritación, la agresividad, la actitud
defensiva, la fatiga, la depresión, la sensación de opresión
y pesadez en el cuerpo, el aceleramiento del ritmo
cardíaco y la desesperanza son experiencias comunes.

Los "deberías" y las "expectativas no satisfechas" son la cuarta amenaza o desafío, ya que son percibidos como un peligro para nuestro sentido del yo. A nadie le gusta que se les diga que deberían ser diferentes de lo que son. Cuando nos autoimponemos cualquier "debería" o interiorizamos los "deberías" que escuchamos de los demás, estamos desafiando directamente nuestro auténtico ser. Estamos negando lo que somos en el momento y no vemos nuestra propia sabiduría. Esto puede crear un dilema interno entre lo que somos y lo que pensamos que deberíamos ser. El resultado es que el sistema nervioso autónomo se activa para tratar de manejar la discrepancia, y la agresividad puede ser uno de los síntomas.

Lo primero que bloqueará su capacidad de facilitar que los niños trabajen a través de su agresividad son los mensajes en su cabeza sobre lo que cree que "debería" o "no debería" hacer en ese momento.

Las cuatro amenazas:

1. dolor físico;
2. percepciones de lo incierto;
3. la incongruencia en el entorno;
4. los "deberías" y las "expectativas poco realistas".

EL SISTEMA NERVIOSO EN ACCIÓN

El sistema nervioso autónomo tiene dos caras: una rama simpática para acelerarnos y una rama parasimpática para frenarnos.

Trabajan en conjunto para respaldar un funcionamiento sano del cuerpo en términos generales. Cuando percibimos una de las cuatro amenazas que acabamos de analizar, el sistema nervioso autónomo activará una respuesta excesiva de las ramas simpática y parasimpática dorsal para ayudarnos a hacer frente a la amenaza o el desafío en cuestión. Esto se conoce como *desregulación del sistema nervioso*. El sistema nervioso simpático es responsable de nuestras respuestas de bloqueo, lucha y huida (hiperexcitación), mientras que la rama parasimpática dorsal es responsable de nuestra respuesta de colapso, también conocida como la respuesta de desmayo (hipoexcitación).

¿Se ha preguntado por qué alguien tiene una respuesta de bloqueo, lucha o huida en lugar de una respuesta de colapso, o viceversa? ¿Sabía que se trata de una elección? Resulta que la rama que elegimos se basa en nuestra percepción de estas amenazas o desafíos. Si percibimos que podemos hacer algo al respecto, nuestra rama simpática inicia nuestro sistema de lucha o huida. Nuestra energía viajará desde el centro de nuestro cuerpo a nuestros brazos, piernas, pies y manos para que podamos luchar o correr. De hecho, podemos sentir la energía en nuestras manos y pies, y con ella empezamos a movernos. También recibimos una oleada de energía en nuestra cara y cabeza. Esta respuesta primitiva hace que nos ruboricemos, tensemos la mandíbula y las pupilas se dilaten para recibir información. Además, nuestro latido se acelera. Estamos hiperalerta y hipervigilantes, y nos volvemos tanto defensivos como agresivos. Si no somos capaces de alejarnos de la amenaza o el desafío, comienzan a llegar los sentimientos de ansiedad y pánico. Esa es la esencia de los estados de hiperexcitación.

Pero ¿qué sucede cuando percibimos que la amenaza es abrumadora y creemos que no podemos hacer nada al respecto? Cuando no nos sentimos lo suficientemente grandes, lo suficientemente

SYNERGETIC
PLAY THERAPY™

Los síntomas del sistema nervioso de regulación y desregulación

Todos los síntomas de desregulación surgen de percepciones de los acontecimientos de nuestras vidas. Cuando cambiamos nuestras percepciones, cambiamos los síntomas de nuestro sistema nervioso. Es buena idea dominar el arte de cambiar nuestras percepciones y saber manejar los síntomas que se manifiestan en nuestros cuerpos para ayudarnos a volver a un estado ventral/más regulado.

Respuesta simpática: síntomas hiperexcitados de bloqueo, lucha o huida	Síntomas regulados de una respuesta parasimpática/ ventral-vagal (plenamente consciente/conectado a uno mismo)	Síntomas de hipoexcitación del sistema parasimpático/ dorsal-vagal, respuesta de colapso
Hiperalerta		Impotencia
Hipervigilancia	Razonamiento lógico, claro	Apariencia de estar sin vida
Aumento de la frecuencia cardíaca	Capacidad de tomar decisiones conscientes	Ausencia de expresividad
Actitud defensiva	Capacidad de tener contacto visual	Entumecimiento
Sensación de martilleo en la cabeza	Demostración de una amplia gama de expresiones emocionales	Falta de motivación
Ansiedad		Letargo/cansancio
Actividad motora excesiva	Sensación de "estar centrado"	Capacidad embotada de sentir eventos significativos
Actitud abrumada, desorganizada	Capacidad de notar la respiración	Constricción emocional
Altos niveles de irritabilidad	Ciclos de sueño estables	Depresión
Ataques incontrolables de ira	Sereno	Aislamiento
Agresividad	Consciencia interna de la mente y el cuerpo	Disociación
Disociación	Presencia "en el cuerpo"	
	Capacidad de comunicarse verbalmente de una manera clara	

Synergetic Play Therapy™ (Terapia de juego sinergética): actividades de regulación

A continuación, se enumeran solo algunos ejemplos de actividades que se pueden utilizar para contribuir a regular un sistema nervioso desregulado. Es buena idea hacer estas actividades de forma proactiva, así como en los momentos de desregulación. También es importante seguir la sabiduría innata del cuerpo para devolverlo a un estado regulado/ventral. Estas actividades deben hacerse individualmente y con alguien.

Correr, saltar, dar vueltas, bailar con pausas para tomar respiraciones profundas.

Preparar un juego y pedirle al niño que salte alto como para tocar algo en lo alto de una pared o en el marco de una puerta.

Correr, saltar, etc., y chocar contra algo blando (p. ej., saltar en la cama y dejarse caer repetidamente).

Botar en una pelota de yoga.

Rodar por el suelo de un lado a otro.

Sentarse en una silla y empujarse hacia arriba con los brazos (como si estuviera tratando de incorporarse), manteniendo algo de resistencia.

Hacerse masajes.

Aplicar presión profunda en los brazos y las piernas (se puede aplicar presión hacia abajo suavemente en los brazos y las piernas en un movimiento largo).

Comer (sobre todo algo crujiente).

Beber con una pajita.

Tomar un baño o una ducha.

Envolverse en una manta y acurrucarse (sin holgura para sentir cierta presión, pero obviamente de forma segura).

Caminar o cantar durante las transiciones.

Reproducir música de Mozart de fondo durante los momentos del día difíciles si se produce hiperexcitación.

Reproducir rock duro, música rápida o bass si se produce hipoexcitación.

Cargar o empujar objetos pesados.

Hacer ejercicios isométricos (flexiones de pared o juntar las manos haciendo fuerza (como si rezara).

Caminar rápido.

Subir y bajar escaleras.

Negar con la cabeza rápidamente.

Descolgarse de una cama o sofá con la cabeza en el piso.

Hacer deporte.

Garabatear en papel (este puede provocar cierta distracción, pero a veces funciona).

Sujetar o jugar con una pelota de goma, una banda elástica, una pajita o arcilla.

Frotar suavemente o con fuerza la piel o la ropa.

Ponerse un paño frío o caliente en la cara.

Atenuar las luces si está en un estado de hiperexcitación.

Encender las luces si está en un estado de hipoexcitación.

Leer un libro.

Columpiarse.

Aprender sobre Brain Gym (muchísimas ideas).

Hacer yoga.

Acurrucarse.

Bailar.

Moverse, moverse, moverse: de cualquier forma que su cuerpo disfrute.

Describir lo que está sucediendo en su cuerpo en voz alta: "Me está dando vueltas el estómago", "Siento pesadez en las piernas", etc.

Respirar, respirar, respirar: asegúrese de que la inhalación y la exhalación duren lo mismo.

rápidos, lo suficientemente potentes, lo suficientemente inteligentes o lo suficientemente fuertes como para combatir la amenaza, nuestro sistema nervioso comienza a apagarse, a entrar en un estado de colapso. Esta respuesta hipoexcitada es una señal de activación de la rama parasimpática dorsal. En un nivel extremo, podemos incluso desmayarnos y disociarnos. Cuando los niños en nuestra sala de terapia de juego activan su sistema dorsal, la inmovilización comienza a manifestarse. Pueden parecer cansados y no muestran mucho afecto o expresión. En niveles extremos, se vuelven casi fantasmas o robots; la falta de energía en sus extremidades los hace insensibles. Esto se produce en un intento de detener el dolor, pero conduce a la constricción emocional y a sentimientos de aislamiento y depresión. Estos niños se apagan. Están en la sala, pero hay nadie en casa. La misma serie de eventos nos sucede a nosotros cuando se activa nuestro sistema dorsal.

Puede ser útil conceptualizar la activación del sistema nervioso autónomo como un proceso por etapas basadas en el nivel de dificultad que percibimos. Empezamos en una respuesta de parálisis ante una posible amenaza. La respuesta de parálisis en el sistema nervioso simpático es de corta duración, ya que su objetivo principal es ayudarnos a volvernos hacia los datos, hacer una pausa, y reunir más información para tomar una decisión sobre qué hacer a continuación. La segunda y tercera etapas continúan con la activación simpática, que nos permite pasar a una respuesta de lucha o huida. Inicialmente, tratamos de huir, pero, si no podemos, activamos la respuesta de lucha. Si no somos capaces de huir o luchar, podemos entrar en un estado de activación autónoma dual, tanto simpática como dorsal. Esto es un poco como tener un pie en el acelerador y el otro en el freno. No somos capaces de saber qué hacer, pero no hemos colapsado de todo aún. En este punto puede empezar a producirse cierta disociación. Si sigue sin haber una resolución a la amenaza o el desafío, pasaremos a la siguiente fase, que es la respuesta de colapso de la rama parasimpática dorsal. A medida que percibamos que no podemos hacer nada acerca de la situación, nuestro sistema comenzará a apagarse y nuestros movimientos serán más lentos, el ritmo cardiaco y la presión arterial se reducirán y, si ocurre rápidamente, podemos desmayarnos (Schwartz y Maiberger, 2018; Elbert y Schauer, 2010).

Cuando Carlos y yo luchábamos a espadazos, mi cerebro estaba absorbiendo en un montón de datos sensoriales. Los datos llegaron hasta mi amígdala, momento en el que esta evaluó rápidamente si había una posible amenaza. La decisión fue un rotundo "¡Sí!". En ese momento, se envió una señal para activar mi sistema nervioso autónomo para actuar ante el desafío percibido.

Al principio, mi cerebro percibió que podía hacer algo al respecto, así que tuve una respuesta hiperexcitada y traté de defenderme. Como yo no estaba regulando, estableciendo límites ni teniendo una respuesta auténtica, y Carlos comenzó a acelerar e intensificar las embestidas, empecé a creer que no podía hacer nada al respecto, y a apagarme con una respuesta hipoexcitada. Todo esto ocurrió en cuestión de minutos, y el entonces, *pam,* llegó el golpe en la cabeza. A día de hoy, aún no tengo ni idea de con qué me golpeó.

Los terapeutas que perciben amenazas cuando se encuentran frente a la intensa agresividad de una sala de terapia de juego durante un período prolongado sin regulación y sin gestionar sus propias percepciones probablemente comenzarán a manifestar signos de hipoexcitación en sus propios cuerpos, que afectarán sus vidas fuera de la sala de terapia de juego. Nuestro sistema nervioso tiene un límite a lo que es capaz de gestionar. Con el tiempo, mostrarán signos de activación parasimpática dorsal a medida que su sistema empieza a apagarse.

NEUROCEPCIÓN DE LA SEGURIDAD

Hay otra parte de la rama parasimpática que es importante comprender. Esta es la rama ventral del nervio vago. La teoría polivagal de Stephen Porges reveló que tanto la rama dorsal como la ventral del nervio vago sirven para contribuir a que el cuerpo baje el ritmo; sin embargo, lo hacen por razones muy diferentes. Como acabamos de describir, nuestra activación dorsal es una respuesta a la percepción de una amenaza. Esto contrasta con la activación ventral, que surge cuando tenemos una "neurocepción" de la seguridad (Porges, 2011; Aviemore, 2017). Piense en el nervio vagal-ventral como un sistema de frenos. De hecho, a veces se conoce como el *freno ventral*. Cuando se activa, ayuda a poner el freno en la desregulación y nos da acceso a una mayor capacidad reguladora. También nos ayuda a mantenernos en nuestra ventana de tolerancia, la zona óptima de excitación que permite que una persona integre los datos sensoriales (Ogden, Minton y Pain, 2006; Siegel, 1999), que a su vez es la zona óptima de excitación para la activación de nuestro sistema nervioso (Siegel, 2012). Aprender métodos para regularse, como se demuestra en este libro, le ayudará a mantener su rama ventral activada. Esta activación le permitirá vivir la experiencia con el niño sin ser inundado emocionalmente. También contribuirá a que el niño se sienta seguro, ya que podrá advertir cómo usted está centrado en la intensidad y en el presente, y en sintonía con él.

SISTEMAS NERVIOSOS EN TERAPIA

Es más común que los niños que están hiperexcitados sean referidos a terapia de juego, pero tenemos que asegurarnos de que no estemos olvidando a los niños hipoexcitados y debemos educar a los padres y profesores sobre la necesidad de que estos niños reciban apoyo. En ocasiones, estos niños se pasan por alto porque son fáciles y complacientes, pero debemos tener en cuenta que están en un estado hipoexcitado, lo que significa que su percepción es que los desafíos son demasiado grandes y ya han comenzado a apagar sus mundos emocionales. Esto contrasta con el niño que está "portándose mal", ya que todavía cree que tiene una oportunidad.

Todos trabajamos con los niños que han recibido un diagnóstico o muestran signos de tener una amplia gama de trastornos, incluyendo el trastorno negativista desafiante, trastorno de conducta, trastorno de ansiedad, trastorno bipolar, estrés postraumático, trastorno por déficit de atención y trastorno depresivo. Lo que es fascinante es considerar la idea de que todos los síntomas y el diagnóstico que un niño trae a la terapia es el resultado de un sistema nervioso desregulado.

Tal vez en lugar de diagnosticarles a nuestros niños un trastorno, el diagnóstico debería ser: "está desregulado con una activación simpática excesiva" o "está desregulada con una activación parasimpática dorsal excesiva". ¿Cómo abordaríamos a nuestros clientes infantiles en la sala de terapia de juego si los viéramos a través de esta lente? ¿Cómo cambiaría esto la forma de apoyar a los padres y profesores cuando están teniendo dificultades con algún niño?

Los síntomas del niño se entienden como síntomas de estados desregulados del sistema nervioso.
—*Dogma de Synergetic Play Therapy*

La comprensión de los síntomas del sistema nervioso cuando se percibe una amenaza o un desafío nos puede dar una idea de cuán grande percibe el desafío el niño. También nos da información con respecto a nuestras propias percepciones cuando comenzamos a experimentar síntomas. Es importante tener en cuenta que, cuando la agresividad hace acto de presencia en la sala de terapia de juego, lo más seguro es que estemos interactuando con una activación simpática hiperexcitada. Sin embargo, este no siempre es el caso. A veces veremos la activación dorsal en la sala de terapia de juego. La comprensión de los diversos síntomas de la desregulación del sistema nervioso y la secuencia de las etapas de activación es crítica. Estos conocimientos nos ayudan a seguir la escalada y el agobio, así como observar la inundación emocional tanto en nosotros mismos como en el niño.

SISTEMAS NERVIOSOS EN EL JUEGO AGRESIVO

En términos muy sencillos, cuando el juego agresivo aparece en la sala de terapia de juego, usted puede saber que el sistema nervioso del niño está simultáneamente hiperexcitado. Podría incluso pensar en el juego en sí como una representación simbólica de la activación simpática del sistema nervioso. Esto sucede porque, cuando los niños empiezan a jugar, sus recuerdos asociados y sensaciones corporales salen a la luz. Como resultado, empezarán a mostrar signos de desregulación en su sistema nervioso en su intento de trabajar con la información desafiante que los acecha.

Cuando los niños o el juego se vuelven agresivos e intensos, simplemente significa que sus sistemas nerviosos se están desenvolviendo en una respuesta simpática altamente activada. Cabe mencionar que, a menudo, las energías simpática y parasimpática dorsal aparecen a la vez en la sala de juegos. A modo de ejemplo, justo en el momento en que la energía agresiva ha alcanzado su pico cuando el niño tiene al terapeuta acorralado y le dispara (estado hiperexcitado), el terapeuta comienza a morir, perder la autoridad y se vuelve impotente (estado hipoexcitado). En el juego de observación, sucede lo mismo. A medida que la guerra en la bandeja de arena alcanza su punto álgido de caos y agresividad (estado hiperexcitado), los soldados bajo el fuego cruzado comienzan a morir y muchos incluso se caen o desaparecen bajo la arena (hipoexcitado).

Al entender que el juego que emerge cuando se expresa agresividad es a la vez la forma simbólica y una extensión de los estados de extrema excitación del sistema nervioso de un niño, podemos acoger un paradigma para la sanación basado en la regulación del sistema nervioso: todo comportamiento, incluida la agresividad, es un intento de regulación. Esto no quiere decir que el juego de un niño nunca sea literal y que, cuando los niños están jugando de forma agresiva, no estén recreando la realidad de una experiencia pasada. Lo que estoy diciendo es que hay mucho más en juego al margen de esta recreación y, una vez que podamos reconocer el paradigma de ver los síntomas de los niños a través de la lente de la neurociencia y los estados del sistema nervioso, surgirán nuevas oportunidades para la sanación e integración.

PUNTOS CLAVE DEL CAPÍTULO 3

- La amígdala filtra las amenazas o no amenazas en el cerebro: constantemente, está en busca de amenazas físicas, de lo desconocido, de incongruencias en el entorno y de mensajes de "debería". Es importante tener en mente estas amenazas cuando facilitamos la agresividad en la sala de terapia de juego.
- Hay dos ramas del sistema nervioso autónomo que están presentes en la vida y en la sala de terapia de juego: la rama simpática, que nos acelera, y la rama parasimpática, que nos frena.

- El juego agresivo es a la vez la forma simbólica y una extensión de la activación simpática extrema del sistema nervioso de un niño.

- Sus creencias acerca de lo que "debería" o "no debería" hacer cuando se manifiesta la agresividad en la sala de terapia de juego pueden bloquear su capacidad para facilitar el momento.

- Su percepción acerca de si puede o no hacer algo acerca de una amenaza o desafío activará su respuesta de excitación simpática o colapso dorsal.

- Cuando ayudamos a los niños a avanzar hacia sus estados emocionales y sensaciones intensos, estamos desarrollando su resiliencia y ayudándoles a rediseñar su sistema nervioso.

4

El verdadero significado de regulación

Acuantos más terapeutas enseño en mis clases, más me doy cuenta de que el concepto de regulación o de regularse a menudo se entiende mal. Mucha gente piensa que estar regulado significa estar tranquilo, pero ese no es siempre el caso. Desde una perspectiva de la Synergetic Play Therapy (Terapia de juego sinergética), regulación significa tener una atención y consciencia plena de mí mismo. En un momento de regulación, puedo pensar con claridad, puedo hacer una elección consciente, soy capaz de notar mi aliento, soy capaz de sentirme centrado, puedo hablar con claridad y tengo una experiencia de estar *en mi cuerpo*. Estoy conectado conmigo mismo. (Consulte la tabla del sistema nervioso en el capítulo 3).

La regulación del sistema nervioso se produce cuando nos volvemos conscientes de nosotros mismos y nuestro nervio vagal-ventral se activa. En esos momentos, somos conscientes de que existimos al margen de lo que está sucediendo. Sabemos que no somos la ira o la tristeza. Somos algo mayor que la experiencia, aunque solo sea por un breve momento. Ese momento de consciencia nos da el poder para conectar con nosotros mismos y con los demás. Por lo tanto, podemos estar regulados en nuestra ira; podemos estar regulados en nuestra tristeza; podemos estar regulados en nuestra ansiedad. También podemos estar regulados cuando otras personas están teniendo emociones desafiantes a nuestro alrededor.

A modo de ejemplo, digamos que algo me frustra enormemente. Mi percepción del desafío hace que pierda la regulación y me desvincule de mí misma. Termino en un estado de hiperexcitación y no estoy en absoluto conectada con mi persona. Me consume la sensación de frustración en mi interior. Entonces, tomo conciencia. Me doy cuenta de que estoy hablando más rápido, me doy cuenta de que estoy tamborileando con los dedos, mi pierna derecha se está moviendo y mi ritmo cardíaco se está acelerando. Me doy cuenta, también, de que mi cuerpo se siente activo por dentro. A medida que se intensifica la activación, siento un ligero mareo. Comienzo a advertir y prestar atención a todo lo que siento y veo. Y, a medida que hago esto, empiezo a volver a mí misma. Ya no estoy desconectada. Puedo sentir la intensidad circulando a través de mi cuerpo, y estoy al tanto. Estoy teniendo momentos de regulación durante la intensidad, y definitivamente no me siento tranquila. Este es el tipo de regulación que estamos tratando de enseñar a nuestros clientes menores. Queremos que aprendan a reconectarse consigo mismos cuando se desregulan para que puedan manejar la intensidad que se produce en su interior.

LA REGULACIÓN EXISTE EN UN CONTINUO

Es posible tener un breve momento de regulación o tener muchos momentos de regulación que se van sucediendo y en conjunto dan lugar a un estado de regulación, en el que se puede sentir en calma. En el ejemplo que acabo de dar, estaba teniendo momentos de regulación. Menciono esto porque es importante que, como terapeutas de juego, entendamos que calmarse no es ni el objetivo ni lo que se trata de aprender cuando se facilita el juego agresivo en la sala de terapia de juego. Lo importante es aprender cómo manejar la energía de nuestros estados desregulados y enseñar a los niños a hacer lo mismo. Entender esto es clave para hacer este trabajo. Si su objetivo es detener la energía para calmarla, involuntariamente impedirá el proceso del niño o lo contendrá de una manera que pueda potenciar que la energía se quede atascada o girando en ese nivel dentro del niño, en lugar de estar integrada. Recuerde que todo lo que reprimimos debemos acabar expresándolo de algún modo.

En lugar de detener la energía en la sala de terapia de juego, enseñémosles a nuestros clientes cómo regularse a través de la intensidad, enseñándoles a ser plenamente conscientes de su experiencia. Esto les permite avanzar hacia su experiencia en lugar de huir de ella, lo que puede escalar los síntomas. A través de la autoconsciencia, la energía en el juego agresivo comenzará a integrarse y, con el tiempo, el niño llegará naturalmente a un estado de regulación.

Nos regulamos para avanzar hacia la intensidad, no para salir de ella.

No es práctico pensar que los niños no volverán a tener otra rabieta, no desearán golpear a su amigo nunca más, o no volverán a contestarle mal de nuevo a un adulto. Probablemente también habrá momentos en que los niños quieran correr y esconderse, y enterrar la cabeza bajo las sábanas y no volver a salir nunca. Lo que es práctico y, además, es posible es enseñar a los niños a mantenerse conectados consigo mismos cuando enfrentan un desafío. En esto consiste precisamente facilitar el juego agresivo. Queremos ayudar a los niños a permanecer conectados consigo mismos (activación ventral) durante la intensidad de sus estados hiper e hipoexcitados para que puedan integrar la energía y volverse conscientes de sí mismos. Queremos enseñarles que pueden sentirla y ser conscientes de ella sin que los consuma.

LOS NIÑOS SON REGULADORES NATURALES

Todo comportamiento es un intento de regulación, incluso los comportamientos que la sociedad podría etiquetar como "inapropiados". Los niños muerden, golpean, gritan, empujan, tienen rabietas, se esconden, evitan el contacto visual y se niegan a hablar en un intento por regularse, abriendo o cerrando el paso de información sensorial. También se contonean, cantan, ruedan por el suelo, saltan, hacen fuerza contra algún objeto, se quedan colgando boca abajo, juegan, crean arte y participan en muchas otras acciones para regularse. Son extremadamente inteligentes y harán lo que sea necesario para gestionar las emociones y sensaciones que surjan en sus cuerpos. Esto incluye volverse agresivos. Puede ser un cambio de paradigma considerar la agresividad como un intento de regulación.

El desafío se produce cuando las estrategias infantiles para la regulación no son eficaces, lo que los mantiene en un estado de desregulación, y cuando sus estrategias de regulación están afectando negativamente a sus vidas. Cuanto más tiempo pasa un niño en la respuesta de parálisis/lucha/huida/colapso, mayor será la probabilidad de que ese niño experimente problemas en áreas tales como la salud, las relaciones, el aprendizaje, la ira y la depresión, y la impulsividad.

Aunque los niños tienen un instinto natural para regularse, necesitan ayuda para aprender a hacerlo de manera eficaz. En otras palabras, necesitan ayuda para aprender cómo integrar su estado ventral para gestionar su desregulación. Una de las formas más comunes de buscar ayuda es observando cómo otros manejan sus emociones y sensaciones corporales.

En la sala de terapia de juego, esto se traduce en que el terapeuta debe mostrarles qué hacer con los impulsos agresivos en sus cuerpos.

LA NECESIDAD DE UN REGULADOR EXTERNO

Le haré una pregunta. La respuesta le ayudará a entender por qué he elegido explorar el papel del terapeuta como el elemento más importante a la hora de lograr que el juego agresivo sea terapéutico.

¿Por qué mecemos a un bebé cuando llora?

La respuesta puede parecer tan intuitivamente obvia que quiera pasar esta parte de la lectura rápido, pero tómese un momento para pensar realmente en esto. ¿Mecemos a un bebé para calmar un dolor físico corporal? ¿Para ayudar a resolver la angustia emocional que está sintiendo por dentro? ¿Para que sepa que no está sola? ¿Para que sepa que puede confiar en que sus necesidades se cubrirán, al menos la mayor parte del tiempo? ¿Para que sepa que está bien que pida que cubramos sus necesidades? Por supuesto, la respuesta es sí.

¿Y qué hay de contribuir a que el bebé empiece a aprender acerca de las sensaciones en su cuerpo? ¿Y de ayudarlo a aprender cómo conectar consigo mismo en medio de un estado emocional desafiante? ¿Y por qué no para cimentar las primeras asociaciones del cerebro a medida que aprende lo que se siente al pasar de un estado de desregulación a otro de regulación una y otra vez, creando una plantilla para una fuerte capacidad reguladora? La respuesta a estas preguntas también es sí.

Cuando un bebé está muy desregulado, un cuidador que esté en sintonía con él no le pide que respire profundamente ni que se centre en algo relajante ni que cuente hasta diez. Esto parece tan obvio, ya que sabemos que un bebé no puede hacer esto. Entendemos que los bebés están respondiendo desde las partes más primitivas del cerebro y aún no han construido una fuerte capacidad para autocalmarse. Entendemos que los bebés necesitan la ayuda de un regulador externo, alguien que pueda ayudarlos a organizar sus experiencias internas. Y entendemos también que un cuidador en sintonía debe llevar la batuta.

Cuando los bebés nacen, su capacidad de autocalmarse sigue siendo inmadura en su desarrollo. Los bebés necesitan el apoyo de un cuidador en sintonía para aprender a volver a un estado de regulación. Incluso podríamos decir que los bebés toman prestada la capacidad reguladora del cuidador a medida que se desarrolla su propia capacidad de regulación. Allan Schore afirmó que "la madre es, literalmente, una reguladora de los *crescendos* y *decrescendos* del sistema nervioso autónomo en desarrollo del bebé" (Bullard, 2015). Se nos olvida que muchos de los niños con los que trabajamos son bebés disfrazados en cuerpos grandes, y esperamos que sean capaces de regularse en modos de los que no son capaces en ese momento o quizá nunca hayan aprendido cómo hacerlo. También olvidamos que, cuando los niños están jugando a través de experiencias traumáticas y surge la activación correspondiente de su sistema nervioso, ellos también necesitan apoyo para regularse a través de la intensidad. En resumen, si queremos contribuir a reconfigurar el sistema nervioso de un niño, primero necesita un regulador externo, alguien que lo ayude a integrar el estado desregulado en su sistema nervioso. La integración de la intensidad debe comenzar con el terapeuta.

Cuando Adrianne y yo empezamos a trabajar juntas, ella tenía 12 años, según su edad cronológica. Me la trajeron como último recurso, había estado entrando y saliendo de diversas terapias, incluyendo la terapia de juego, desde que tenía 5 años, con muy pocos resultados.

Adrianne fue adoptada a los 4 años, de Rusia. Cuando vino a verme, tenía un diagnóstico combinado de autismo, trastorno reactivo de vinculación, trastorno por déficit de atención y varios retrasos en el desarrollo. Sus padres también sospechaban que había sufrido abusos en sus primeros años antes de que la adoptaran. Era increíblemente reactiva emocionalmente, a menudo golpeando a sus padres o a sí misma y haciendo daño a las mascotas que tenían. Tenía dificultad para descansar y dormir, ya que su sistema nervioso parecía vivir en un estado permanente de respuesta de lucha o huida. Como era de esperar, también tenía dificultades para confiar, hacer contacto visual y realizar una misma actividad durante un tiempo prolongado. Se movía constantemente; sus padres describían estar con ella como estar con una bomba de relojería que podía estallar en cualquier momento. Después de años viviendo con su agresividad, no se sentían seguros con ella.

Durante nuestras primeras sesiones, el juego de Adrianne estaba lleno de agresividad y miedo y resultaba totalmente abrumador, ya que hería e, incluso, aterrorizaba constantemente a los bebés y los animales. Mientras jugaba, yo observaba su sistema nervioso entrar y salir de la activación simpática. Sentía la activación también en mi propio cuerpo, a medida que observaba y seguía su juego. También veía lo difícil que era para ella conectarse consigo misma y estabilizarse. El trauma no integrado que llevaba en su sistema había creado el temor de que no era seguro dejarse llevar completamente. También la mantenía en un estado constante de lucha o huida.

Cuando me reuní con sus padres, compartí con ellos que, para poder ayudarla, íbamos a tener que ayudarla a reconfigurar su sistema nervioso, además de a integrar las experiencias que había tenido en su vida y que había registrado como traumáticas. Les expliqué los estados del sistema nervioso y del cerebro y los ayudé a entender que su hija estaba respondiendo desde las partes primitivas del cerebro, y que su capacidad para regular su experiencia interna no era buena, lo que contribuía a su incapacidad para estabilizarse y a su comportamiento agresivo. También compartí que, aunque cronológicamente tenía 12 años, su edad emocional era en realidad la de un bebé. Por último, les dije que tenía la esperanza de poder ayudarla.

Adrianne necesitaba ayuda de un regulador externo en la sala de terapia de juego con el fin de lograr integrar la intensidad que estaba experimentando en su interior y conseguir reconfigurar el cerebro hacia una mayor capacidad de regulación. Yo debía convertirme en esto para ella, y también iba a tener que enseñarles a sus padres cómo hacer lo mismo.

Cada vez que la intensidad y la agresividad aparecían en el juego de Adrianne, yo ponía en practica lo que voy a enseñarle a hacer en este libro. Activaba diversas actividades reguladoras para ayudarme a avanzar hacia la intensidad en la sala de terapia de juego y a comenzar a trabajar con su sistema de regulación. También hacía un montón de observaciones con respecto a lo que ella estaba haciendo y a lo que estaba jugando con el fin de contribuir a que se orientara.

Cuando colocaba al bebé solo en la casa de muñecas, yo decía, "El bebé está solito". Luego el bebé comenzó a gatear hacia la barandilla en el segundo piso y a subir por ella. "No hay nadie en casa para proteger al bebé y evitar que se caiga de la barandilla". A continuación, cogió al bebé y lo arrojó desde el segundo piso. "¡El bebé se cayó!". El bebé entonces se quedó allí, sin moverse. "¡El bebé podría estar herido! Nadie está ahí para ayudarlo, está solo y posiblemente se hizo daño". Este era el tipo de observaciones que hacía para ayudar a seguir su juego y para que Adrianne supiera que estaba con ella y siguiendo su juego. Ella no habló en toda la sesión y, mientras jugaba, yo continué siguiéndola.

Cuando un bebé o animal resultaba herido en el juego, cambiaba rápidamente y creaba otra escena de juego donde otro bebé o animal sufría daños. Se trataba de un proceso continuo en el que no había ninguna pausa, lo que significaba que no había tiempo para que su sistema nervioso descansara. Su sistema nervioso simpático permaneció activado en todo momento.

También advertí que, mientras ella jugaba mi cuerpo quería descansar entre tanta activación simpática, pero no podía, ya que el juego iba de una escena traumática a otra. Pronto me di cuenta de que ese era su mundo. No era que no quisiera descansar; era que, literalmente, no podía. No era seguro porque, en su mente, algo malo podría suceder. En el contexto de juego, le describí la experiencia de mi cuerpo. "Estoy notando que mi cuerpo quiere descansar. Quiere hacer una pausa, pero no puede. Mi cuerpo siente como que necesita mantenerse alerta". Y luego tomaba una respiración lo más profunda posible y alargaba mi exhalación. El alargamiento de mi respiración le enviaba un mensaje a Adrianne de que podía empezar a dejarse llevar y permitir que su propio sistema nervioso se estabilizase. También era una forma de apoyar la regulación de mi propio sistema nervioso y mantenerme en un estado de activación ventral. La parte más importante de esta historia es que fue en los momentos en los que me volví muy presente y regulada y fui auténtica sobre mi experiencia en los que Adrianne me miraba y trataba de hacer contacto visual. Estaba sintonizándose, tomando prestada la regulación de mi sistema nervioso, y contribuía a que se sintiera segura. Este fue el punto de inflexión en nuestro trabajo juntas, cuando empecé a ver los signos iniciales de su sistema nervioso comenzando a estabilizarse.

La capacidad del terapeuta para convertirse en el regulador externo también contribuye a que el juego del niño se integre en lugar de volverse repetitivo. Fue la adición de mi propia regulación en su juego y mi voluntad de compartir mi experiencia con Adrianne la que le permitió sentirse sentida por mí. Mi sintonía, primero conmigo misma y luego con ella, le permitió sintonizarse conmigo, tomar prestada la regulación de mi sistema nervioso y, luego, sintonizarse consigo misma. Ahí fue cuando el juego cambió y la repetición desapareció.

En la cuarta sesión, Adrianne entró y anunció en el juego que había llegado el momento de que el bebé durmiera. El bebé durmió durante 15 segundos. Fue un comienzo. En las próximas sesiones, trabajamos en el reposo. Adrianne se convirtió en el bebé en el juego. Cuando se recostaba a dormir, se volvía ansiosa. Como su reguladora externa, yo seguía respirando. A veces, tarareaba una canción. Otras, me mecía suavemente, sentada a su lado. Sabiendo que ella estaba sintonizándose conmigo, permanecía profundamente conectada y en sintonía con ella sin perder la conexión conmigo misma, y una vez tras otra ella tomaba prestada mi capacidad reguladora. No podía tomarla en brazos y mecerla como a una bebé (aunque si ella hubiera querido, yo habría encontrado una manera de crear esta experiencia para ella con mucha seguridad, ya que no sabía exactamente qué tipo de abuso podría haber experimentado de pequeña), pero podía hacer todas las cosas que un cuidador en sintonía habría hecho con ella para ayudarla a descansar y sentirse segura. Recuerdo el día en que salí de la sala de terapia de juego a la sala de espera para encontrarme con su madre. Cuando la vi, la miré y le dije: "Se ha quedado dormida". Su madre tenía lágrimas en los ojos, ya que entendía la importancia de esto. Entró en la sala, se sentó y respiró con Adrianne durante los siguientes 15 minutos mientras ella dormía hasta la hora de marchar.

Puede que se pregunte qué tiene esto que ver con la integración de la agresividad. La respuesta es todo.

PUNTOS CLAVE DEL CAPÍTULO 4

- La regulación se produce en un momento de consciencia plena. No significa necesariamente estar en calma.
- Todo comportamiento es un intento de regulación, incluida la agresividad.
- Durante una sesión de terapia de juego, los niños toman prestada la capacidad reguladora del terapeuta en su intento de integrar sus estados internos desafiantes.
- La integración de la intensidad comienza con la transformación del terapeuta en el regulador externo.
- Calmarse no es el objetivo de facilitar la agresividad en la sala de terapia de juego; el objetivo es ayudar a los niños a permanecer conectados consigo mismos en medio de la desregulación para que puedan aprender a sentirla sin que llegue a consumirlos.

5

Desarrollarse como regulador externo

omo es probable que esté empezando a descubrir, este libro realmente trata de su capacidad para mantener la intensidad en la sala cuando surge, permitiendo que los niños avancen hacia sus estados internos. Esto y su capacidad para convertirse en el regulador externo son lo que apoya la capacidad del niño de integrar la intensidad, transformando el juego agresivo en terapéutico. En el capítulo 1 mencioné que este trabajo comienza con usted. Empieza con que usted deje atrás un paradigma que le ha enseñado a ser un observador neutral y adopte un papel en el que se convierte en un participante activo en la díada terapéutica.

Lo que propongo y esbozo aquí no es un trabajo fácil, pero es necesario. En este capítulo, voy a avanzar por los distintos pasos que puede dar para empezar a ampliar su ventana de tolerancia con respecto a la agresividad y comenzar a desarrollar su capacidad de ser un regulador externo.

COMPROMISO CON EL CRECIMIENTO

Ser un terapeuta de juego no es solo un compromiso con los niños con los que trabajamos, sino también un compromiso con nosotros mismos y nuestro crecimiento personal continuo. Si vamos a asumir el valiente papel de ayudar a los niños a sanar, debemos participar activamente en nuestra propia sanación. La elección de trabajar con niños nos obliga a seguir fortaleciendo nuestra capacidad de sostener lo que el niño está trayendo a la sesión. Tenemos que aprender a permanecer conectados con nosotros mismos y con nuestros clientes en medio de los sentimientos, sensaciones y pensamientos incómodos que surgen en la sesión sin evitar a nuestros clientes ni fusionarnos con ellos. Es normal que, durante el juego de un niño, naturalmente deseemos hacer que avance en una dirección y apartarlo de otra, en función del nivel de amenaza que nuestro cerebro perciba. Por esta razón, es necesario analizar constantemente nuestras propias relaciones y experiencias con la agresividad, y en qué aspectos tenemos que sanar aún.

El desarrollo de la capacidad para convertirnos en reguladores externos durante el juego agresivo requiere dos cosas, principalmente:

1. Los terapeutas deben estar dispuestos a *sentir* lo que está sucediendo en sus propios cuerpos sin querer evitar o llegar a ser consumidos por la experiencia.
2. Los terapeutas deben trabajar a través de sus propios miedos y experiencias pasadas relacionados con la agresividad.

SENTIR PARA SINTONIZARSE

Convertirse en un regulador externo requiere la capacidad de sintonizar. Para sintonizar con nuestros clientes, debemos estar abiertos a nuestros propios estados corporales y emocionales (Schore, 1994; Siegel, 2007). Esto significa que tenemos que dejar de descifrar todo lo que pasa en la sala de terapia de juego y empezar a sentir lo que está pasando. Yo les digo a mis estudiantes que salgan de sus cabezas y entren en sus cuerpos. A través de su cuerpo, usted será capaz de acceder a toda la información necesaria para facilitar lo que se necesita en ese momento. Piénselo de esta manera: cuando un bebé está gritando, los cuidadores sintonizados no se detienen a analizar la situación y tratar de averiguar la mejor intervención para calmar al bebé, sino que instintivamente toman al bebé en brazos y comienzan a mecerlo, acunarlo, hacer sonidos, balancearlo... y siguen su instintos sobre qué hacer a continuación. No hay ningún mapa, simplemente una sintonía en cada momento que revela qué hacer. Para que los cuidadores puedan hacer esto de manera eficaz, podemos decir que están sintiendo qué hacer en cada momento. Facilitar el juego agresivo es muy similar.

Sienta qué hacer a través de juego, en lugar de razonarlo.

Josh, de 5 años, puso un bebé en mis brazos, me entregó un kit médico, y luego se fue a la ventana de mi consultorio y me dejó en el otro lado de la sala. Mi respuesta inicial fue de confusión. ¿Por qué me acababa de entregar a un bebé? ¿Qué se suponía que tenía que hacer con el kit médico? ¿Por qué se había alejado para ponerse a mirar por la ventana? En medio de todo mi torbellino interno de preguntas, me miró y dijo: "Vamos, Lisa... ¡Se supone que tienes que estar nerviosa!". Había estado tan atrapada en la confusión del momento y en tratar de averiguar qué estaba pasando que no me había permitido adentrarme en el sentimiento de lo que estaba experimentando. No estaba en sintonía conmigo ni con él porque estaba demasiado ocupada tratando de analizar lo que estaba pasando. Me había desconectado de mi cuerpo en ese momento. Esto me impedía sentir lo que él estaba tratando de hacerme sentir. Josh tuvo que parar su juego para ayudarme a entenderlo. Este ejemplo pone de relieve lo que ocurre cuando el terapeuta no está dispuesto a *sentir*. No solo hace que el niño se sienta incomprendido, sino que también tiene que pasar más tiempo ayudando al terapeuta a "entenderlo".

Este momento de falta de sintonía tampoco fue malo, ya que le ofreció a Josh la oportunidad de exigir que sus necesidades se cubrieran, lo cual es una habilidad muy beneficiosa en cualquier relación.

En cuanto escuché sus palabras, puse mi atención en mi cuerpo y me hice presente con él y en el juego. Y, tan pronto como lo hice, sentí la ansiedad que él estaba tratando de conseguir que registrara. Él quería que yo me sintiera nerviosa por no saber si el bebé estaba bien o no. Josh me ayudó a entender la situación para poder entenderlo a él. Quería que yo sintiera lo que se siente al ser él, y lo hizo orientándome hacia mi experiencia para que él pudiera ver una auténtica respuesta emocional en mí.

Para sintonizarme con Josh tuve que comenzar por sintonizarme conmigo misma.

AVANZAR HACIA LA INTENSIDAD

Cuando los recuerdos y estados emocionales dolorosos de un cliente se reactivan y se encuentran fuera de su ventana de tolerancia, el cliente comenzará a alejarse de esas emociones en un intento por evitar la intensidad (Siegel, 2010). El acto de alejarse de la experiencia refuerza el mensaje en el cerebro de que existe una amenaza o un desafío, lo que mantiene el sistema nervioso en un estado de desregulación. Lo mismo ocurre con nosotros. Si no estamos dispuestos a experimentar nuestros propios estados corporales, emocionales y cognitivos mientras trabajamos para lograr la modulación de estas experiencias internas, nos alejaremos de estos estados (Schore, 1994), lo que podría hacer que nuestro cliente se sienta inseguro o invisible (Siegel, 2010).

Cuando los terapeutas no pueden o no quieren sentir los cambios que se están produciendo en su interior durante el juego, tendrán una alta probabilidad de alejarse de esas emociones o sensaciones corporales particulares, apartándolas de alguna manera, negando su existencia, o dejándose inundar emocionalmente. Avanzar hacia la intensidad requiere que los terapeutas sientan lo que está sucediendo en sus cuerpos a la vez que la regulación a través de él. Dales & Jerry (2008) describen la importancia de que el terapeuta avance hacia estados difíciles e intensos como este.

Al igual que la madre que le está modelando implícitamente a su hijo su propia lucha para regular su propio estado desregulado, el terapeuta debe ser capaz de resonar empáticamente con los clientes, sintiendo psicobiológicamente sus estados intensos y difíciles. Sin esta capacidad de autocontrol, el terapeuta no puede ayudar al cliente a regularse. Este tipo de trabajo implica un profundo compromiso por parte de ambos participantes en el escenario terapéutico y una implicación emocional total por parte del terapeuta. (Dales & Jerry, p. 300).

Allan Schore también explicó que la capacidad para regular los estados de excitación del niño requiere que el terapeuta sea capaz de conectar y sintonizarse tanto con la aflicción de los niños y sus estados emocionales negativos como con sus estados emocionales positivos (Bullard, 2015). Esto significa que, para que se produzca la sintonización, los terapeutas deben estar dispuestos a avanzar hacia sus experiencias internas y ser capaces de sentir en sus cuerpos la gama completa de lo que el niño siente.

NUESTRA ACEPTACIÓN VENTRAL

Seamos honestos: ¡sentir lo que está sucediendo en nuestro cuerpo durante una sesión de terapia de juego puede ser incómodo! Pero aunque sea incómodo, es muy necesario.

En esos momentos, si no podemos sostener nuestra propia incomodidad, será difícil que podamos sostener la del niño. Por eso es tan importante continuar desarrollando una relación con nuestros cuerpos y ampliando nuestra capacidad de sentir a la vez que nos mantenemos conectados con nosotros mismos.

Quiero hacer hincapié en la importancia de esto, así que lo voy a explicar con otras palabras. A medida que los niños jueguen y surjan sus sentimientos, sensaciones y pensamientos incómodos, necesitarán que nuestra ventana de tolerancia sea mayor que la suya. En cierto sentido, deberán ser acogidos en el seno de nuestra capacidad de regulación (Badenoch, 2017; Kestly, 2016). Esto les permite profundizar en sus sentimientos, sabiendo que están en manos de nuestra aceptación ventral. El siguiente diagrama que se encuentra en el libro de Bonnie Badenoch *The Heart of Trauma* (2017) muestra la aceptación ventral. La ventana de tolerancia del niño se encuentra con la del terapeuta para crear una ventana de tolerancia conjunta. En este punto, el niño puede explorar la activación simpática y el colapso dorsal mientras está siendo regulado por el terapeuta.

Sistema nervioso autónomo
Expansión y contracción de las ventanas de tolerancia conjuntas

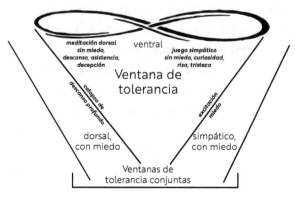

"Figura 5.2", obtenida de THE HEART OF TRAUMA: HEALING THE EMBODIED BRAIN IN THE CONTEXT OF RELATIONSHIPS, Bonnie Badenoch. Copyright © 2018 de Bonnie Badenoch. Usado con permiso de W. W. Norton & Company, Inc.

Al acoger a los niños en el seno de nuestra aceptación ventral, estos experimentarán una ampliación de sus ventanas de tolerancia a medida que seamos capaces de sostener la intensidad. Los estudios de Carl Marci y colegas (2005) encontraron que estos momentos eran experimentados subjetivamente como uniones interpersonales empáticamente ricas. Con esta unión interpersonal nuestro sistema nervioso se sincronizará y desincronizará muchas veces (Badenoch, 2011).

DESARROLLAR UNA RELACIÓN CON SU CUERPO

Para desarrollar su capacidad de sentir y sintonizar, es importante pasar tiempo en su cuerpo (Van der Kolk, 2015). Es importante conocer las sensaciones y sentimientos que surgen en usted durante todo el día. Su cuerpo es su herramienta más importante como terapeuta. Contiene toda la información que necesita para entender lo que está sucediendo en usted, en su cliente, y entre los dos en cualquier momento dado. Sin una relación con nuestros cuerpos, somos como peces fuera del agua en la sala de terapia de juego.

También es importante aprender a confiar en su cuerpo y escucharlo. Para muchas personas, esto no es tan fácil. Hay muchas experiencias y mensajes en la vida que pueden contribuir a una relación desconectada del cuerpo y al miedo a pasar tiempo en el cuerpo. El abuso, el trauma médico, los mensajes sobre la imagen corporal y mensajes como "Ya pasó, deja de comportarte así" cuando nos sentimos enojados o tristes son ejemplos de experiencias que pueden contribuir al desarrollo de estrategias de afrontamiento para no sentir.

Si usted ha desarrollado una relación desconectada con su cuerpo, lo invito a regresar a casa. Si, por el contrario, tiene una relación sólida con su cuerpo, lo invito a continuar fortaleciéndola.

Hay muchos ejercicios que puede hacer para fortalecer su conexión con su cuerpo y aumentar su capacidad de "estar" con estados emocionales desafiantes. Aquí están algunos de mis favoritos:

- **Yoga, artes marciales y baile consciente:** A medida que se mueva, permítase tomar conciencia de las diversas sensaciones que recorren su cuerpo. Dedique tiempo a notar cómo se sienten sus pies, cómo se sienten sus caderas, cómo se siente su cuello. A medida que note partes de su cuerpo agarrotadas o tensas, tome aire y practique llevar su consciencia en mayor grado a esas áreas de su cuerpo. Advierta también si hay alguna parte de su cuerpo a la que no quiera prestar atención. Pregúntese por qué.

- **Ejercicios de tacto:** Ejercite el tacto con sus seres queridos o permitiendo que un adulto seguro le haga un masaje. A medida que la persona toque su cuerpo, permítase advertirlo. Note la presión o falta de ella cuando toma contacto con su piel. Fíjese en sus músculos y articulaciones. Advierta en qué piensa mientras se produce el contacto. Nota: Si algo sobre el tacto le es incómodo o a su cuerpo le gustaría una experiencia diferente, practique decirlo en alto y describir su experiencia. Es su cuerpo, y puede decir que no si es necesario. También puede pedir más de lo que quiere y necesita.

- **Afinar sus sentidos:** Esto se puede hacer mediante la participación en diversas actividades que estimulen los sentidos y prestando atención a su experiencia. Algunos ejemplos incluyen poner música y escuchar los sutiles cambios en el ritmo, mientras advierte los sonidos de los diferentes instrumentos, elegir una comida para comer con atención plena... A medida que coma, vaya más despacio y céntrese en la textura, el sabor y la experiencia de la comida en su boca. Darse un baño o nadar es otra gran actividad, ya que le permite sentir su cuerpo rodeado por el agua y moviéndose en ella. Hay muchos ejemplos; saque su lado creativo.

- **Respiración consciente:** Siéntese solo durante 10 minutos, pero siéntese con todo su ser. Tómese el tiempo que sea solo para sentarse, respirar y notar lo que sucede: note los pensamientos que surgen a medida que se sienta y simplemente sea testigo; note el impulso de dejarse llevar por las historias que se cuenta a sí mismo; note el impulso de evitar o avanzar hacia diferentes sensaciones en su cuerpo; note las emociones que surgen mientras se sienta y vea si puede estar con ellas sin hacer nada, sin cambiarlas de ninguna manera.

- **Caminatas conscientes:** Una de mis prácticas favoritas son las caminatas conscientes en la naturaleza. Al caminar afuera, permita que su atención entre en su cuerpo. Comience a notar su aliento y la calidad de su respiración mientras camina. Deje que su mente registre lo que se siente al andar a medida que empieza a notar la sensación de cada paso en el suelo. Note las diversas sensaciones en torno a sus articulaciones a medida que se mueven. Pase tiempo en su cuerpo, simplemente notando lo que sucede. A partir de ahí, lleve su atención fuera de sí mismo para atraer hacia sí el mundo que lo rodea. Sienta la temperatura del aire en su piel. Observe los colores que lo rodean. Permítase sintonizarse con las diversas formas y movimientos de lo que esté al alcance de su vista. Abra sus oídos y escuche. Sienta lo que se siente al escuchar de manera consciente.

- **Hacer una pausa, respirar y sentir:** Cuando surgen emociones difíciles, es fácil simplemente reaccionar. Lo invito a permitirse una pausa a medida que comience a sentir la desregulación en su cuerpo. En esta pausa, respire. Permita que su atención entre en su cuerpo y sienta la desregulación. Sienta la energía dentro de usted. Tome otra respiración y avance hacia el malestar. Respire de nuevo y vuelva a avanzar. Siga notando cómo respira y lo que siente. En el momento en que desee llevar su atención a otro lugar, desafíese a tomar una respiración más y avanzar hacia el malestar una vez más. Sienta un poco más que la última vez.

Este tipo de prácticas no solo nos permiten desarrollar una relación más profunda con nosotros mismos, sino que también nos ayudan a practicar la atención dual. La atención dual es la capacidad de ser conscientes de dos cosas a la vez. El desarrollo de la atención dual es una habilidad necesaria en la terapia para la sintonía, ya que tenemos que ser conscientes de nosotros mismos y nuestros clientes en cualquier momento dado. También tenemos que mantener la consciencia de que, aunque estamos teniendo sentimientos y cambios somáticos en respuesta al juego de un niño, la historia en el juego no nos está sucediendo a nosotros. Si estamos demasiado enfocados en nuestros clientes y sus historias, perderemos la conexión con nosotros mismos. Si nos centramos demasiado en nosotros mismos y nos dejamos consumir por las emociones, perderemos la conexión con nuestros clientes.

Puede practicar la atención dual en cualquiera de las actividades que he mencionado más arriba, permitiéndose tomar conciencia de sí mismo y de algo más, fuera de sí, al mismo tiempo. Por ejemplo, al hacer yoga, ¿puede notar las sensaciones en su cuerpo durante una pose y al mismo tiempo darse cuenta de las otras personas que le rodean (si se encuentra en una clase de yoga)? Puede practicar la atención dual en cualquier actividad que lo apoye en el desarrollo de una relación más profunda consigo mismo y con el mundo que le rodea.

La clave para comenzar a expandir su consciencia y capacidad de regulación es la aplicación de la atención plena a lo que está haciendo y sintiendo. Es el hecho de tomar conciencia lo que le enseña a "estar con".

LA NECESIDAD DE RESCATAR

Hay una diferencia entre estar con los niños mientras están en un momento de malestar, sentir ese malestar y ayudarlos a regularse estando a su lado, versus querer rescatar a los niños de su malestar porque creemos que no está bien que se sientan mal o nosotros estamos muy incomodos.

Lo primero es integrador. Lo segundo es evasivo.

La necesidad de rescatar aflora cuando reconocemos en otra persona, de manera consciente o inconsciente, una parte de nosotros mismos que todavía necesita sanar. En esos momentos, es común tratar de reconducir el juego o las experiencias de los niños evitando ser auténtico si tenemos miedo de que nuestra autenticidad sea excesiva para los niños, haciéndoles preguntas para que usen su cerebro con el fin de evitar que sientan lo que está pasando en sus cuerpos, y apartándolos de juego en cuestión. Estas son estrategias que son a la vez un intento de mantener a los niños alejados del malestar o la incomodidad y un intento de sentirnos cómodos nosotros también.

Cuando nos fijamos bien, encontramos a menudo que la incapacidad para estar con nuestros sentimientos, sensaciones y pensamientos incómodos se basa en los temores que tenemos sobre lo que ocurriría si los sintiéramos. Un ejemplo de un miedo podría ser: "Si me permito sentir la intensidad en el cuerpo, me consumirá y romperé a llorar delante del niño" o "Si siento la agresividad en mi propio cuerpo , la niña se dará cuenta y no le gustaré o la asustaré". A menudo, estos temores se relacionan con experiencias de nuestro pasado que aún necesitan atención.

ENFRENTE SUS MIEDOS

A medida que nos entra miedo, nuestros propios patrones de protección emergen, apartándonos de la conexión con el niño y avanzando hacia la necesidad de protegernos de él. Sin consciencia plena y nuestra propia capacidad de regularnos en esos momentos, nuestra ventana de tolerancia se encogerá y mermará nuestra capacidad de apoyar la regulación del niño.

Aprender cómo hacer frente a sus miedos desarrolla su capacidad de regulación, ya que le permite ser capaz de mantener una neurocepción de la seguridad cuando se presenta la intensidad. En pocas palabras, cuanto menos miedo tenga, más puede soportar. Esto no quiere decir que no vaya a sentir ningún miedo en el cuerpo cuando la agresividad haga acto de presencia en la sala de terapia de juego; significa que puede notar el miedo en el cuerpo y permanecer activado ventralmente, mientras que al mismo tiempo puede pensar con claridad en qué debe hacer y decir sin reaccionar. Enfrentar sus miedos le ayuda a responder en lugar de reaccionar. También le ayuda a estar presente y conectado.

Cómo enfrentar sus miedos

Un miedo o temor es el supuesto de que en algún momento en

el futuro va a experimentar más dolor que placer, más mal que bien, o más desafío que apoyo. A menudo está conectado con experiencias pasadas que, en nuestra percepción, no resultaron bien, y de las que predecimos un resultado igual o similar en el futuro (Demartini, 2010).

Reflexión

Tome un papel y anote todos los miedos que tenga acerca de que los niños se vuelvan agresivos en la sala de terapia de juego o de convertir su juego en agresivo.

Voy a explicarle un método simple, pero profundo, para comenzar a integrar estos temores para que pueda estar más regulado y presente en la sala de terapia de juego. Yo aprendí este ejercicio en 2009 del Dr. John Demartini, mi mentor, y ha sido una piedra angular para ayudar a cambiar y ampliar mi ventana de tolerancia. (Visite drdemartini.com para obtener más información sobre el Dr. Demartini o su trabajo).

Este ejercicio adaptado se puede encontrar en su libro *Inspired Destiny* (2010, p. 139).

1. Piense en algo que le dé miedo que ocurra. Por ejemplo, puede escribir: "Me asusta desbordarme emocionalmente y establecer un límite que parezca humillante".

2. Ahora escriba entre 20 y 50 beneficios que experimentaría si esto llegara a suceder. Por ejemplo, "Puedo reparar con el niño y dar ejemplo de lo que es tomar responsabilidad. Es una oportunidad para mí de aprender acerca de mi ventana de tolerancia y dónde tengo que regularme más". Algunas preguntas que puede hacerse para ayudarlo a descubrir los beneficios son: "¿De qué me sirve que se haga realidad este

miedo? ¿Qué me enseña, cómo me ayuda y cómo respalda mi crecimiento?" y "¿De qué les sirve a mis clientes que se haga realidad este miedo? ¿Qué les enseña, como los apoya y cómo respalda su crecimiento?".

3. Anote de 20 a 50 inconvenientes si lo que le da miedo no sucede. Por ejemplo, "No tendría la posibilidad de reparación con mi cliente, que podría haber sido una oportunidad terapéutica perdida de que el niño viera a un adulto tomando responsabilidad. No estaría obligado a aprender cómo regularme, lo que me permite ser el regulador externo del niño durante la intensidad".

Una vez que el cerebro puede ver que el peor de los casos en realidad tiene beneficios para usted, el miedo comienza a integrarse, lo que le permite volver a un estado más regulado. Este ejercicio es extremadamente poderoso y útil, pero no le quita el trabajo que todavía debe hacer para integrar las experiencias pasadas que están contribuyendo al miedo.

CREENCIAS SOBRE LA AGRESIVIDAD

¿Sabe lo que la Entrevista del Apego para Adultos (*Adult Attachment Interview, AAI*; PESI, 2012) estableció como el mejor predictor del nivel de seguridad en el apego de un niño con su cuidador? La respuesta puede sorprenderle. El mayor predictor fue cómo los adultos fueron capaces de dar sentido a su propia vida. No fue lo que les había sucedido a los adultos, sino la forma en que los adultos daban sentido a lo que habían vivido lo que les permitió contar una historia coherente y cohesiva de su pasado y cómo estas experiencias les ayudaron a transformarse en las personas en las que se convirtieron.

Los adultos con un apego seguro compartieron tanto aspectos positivos como negativos de los acontecimientos de sus vidas y cómo estos influyeron en sus desarrollos y viajes de la vida (Siegel, 1999).

Los hallazgos de la AAI revelaron que el factor más importante en el apego fue la capacidad de los adultos de comprender cómo los acontecimientos de sus vidas los transformaron. Los adultos con un apego seguro fueron capaces de dar sentido a los acontecimientos difíciles de sus vidas.

Los niños se sienten muy atraídos por un terapeuta que muestra este nivel de apego seguro con ellos mismos en la sala de terapia de juego, ya que significa que tienen una disminución de la necesidad de rescatar, evitar o aplacar el juego del niño. En su lugar, pueden estar presentes y conectados en medio de la agresividad del niño, creando una sensación de seguridad para el niño a medida que surge la agresividad.

Esto tiene una relevancia significativa para los terapeutas de juego que trabajan con la agresividad porque significa que nuestra capacidad para sostener la intensidad que se produce cuando la agresividad hace acto de presencia en la sala de terapia de juego está directamente relacionada con lo bien que hemos integrado las experiencias en nuestras propias historias que se sienten similares. En otras palabras, cuanto más hemos integrado nuestro pasado, más podemos soportar en nuestro presente.

NUESTRO PASADO EN LA SALA DE TERAPIA DE JUEGO

La conclusión es que nuestras percepciones de nuestra propia agresividad, de ser testigos de la agresividad, y de ser blancos de la agresividad influirán en nuestra capacidad de permanecer presentes y conectados, y convertirnos en los reguladores externos para el niño.

Si usted tiene experiencias en su pasado que están influyendo en su capacidad de permanecer presente cuando surge la agresividad en la sala de terapia de juego, o si cree que la agresividad es una experiencia dañina, inútil y sin propósito que ha de contenerse, aplacarse o evitarse, su necesidad de que se detenga anulará la capacidad de implementar cualquiera de las estrategias y habilidades necesarias para transformarla en una experiencia terapéutica.

Estas son algunas preguntas que considerar a medida que explore sus creencias sobre la agresividad y su relación con ella. Mi sugerencia es que dedique tiempo a escribir un diario, dibujar, pensar y hablar de las siguientes preguntas para ayudarlo a clasificar sus experiencias.

- ¿Cuál es mi nivel actual de comodidad con la agresividad en la sala de terapia de juego?
- ¿Es más difícil para mí ser testigo de juego agresivo o ser un participante activo en el juego agresivo? ¿Por qué?
- Cuando la agresividad hace acto de presencia en la sala de terapia de juego, ¿qué suelo hacer? ¿Por qué?
- ¿Qué pasa en mi cuerpo cuando el niño se vuelve agresivo en la sala de terapia de juego?
- Cuando pienso en la agresividad que he experimentado en mi propia vida, ¿qué recuerdos me vienen a la mente y todavía parece que están sin resolver? ¿Cuál es la peor parte de los recuerdos?
- En mi infancia, cuando hacía algo considerado agresivo, ¿qué mensajes recibía? ¿Cómo me han afectado estos mensajes e influido en mis creencias acerca de la agresividad?
- ¿En qué momento del pasado he sido el agresor en mi vida? ¿Estoy cargando con culpa o vergüenza por ello?

- ¿En qué momentos de mi vida actual muestro agresividad? ¿Estoy cargando con culpa o vergüenza por ello?

No es lo que nos sucede, sino cómo damos sentido a lo que nos sucede, lo que en última instancia importa más. Su forma de pensar en sus experiencias agresivas influye en sus creencias acerca de la agresividad. Si usted cree que la agresividad es mala o le asusta, esto influirá en la forma de manejar la agresividad cuando haga acto de presencia en la sala de juegos. Cargará naturalmente más miedos y habrá una mayor probabilidad de que sus patrones de protección tomen las riendas. Su cerebro quiere mantenerlo a salvo. Si usted tiene miedo de la agresividad, es mucho más importante que practique lo que le estoy enseñando en este libro para que pueda trabajar en mantenerse regulado cuando surjan los temores y empiece a sentir la desregulación en la sesión.

Le animo a seguir trabajando en la sanación que sea necesaria en torno a sus experiencias con la agresividad. Este es uno de los mayores regalos que puede darles a sus clientes menores para que pueda sostener su agresividad cuando entre en la sala de terapia de juego. Sus clientes menores le están pidiendo que esté presente con ellos en su agresividad, que sienta lo que está sucediendo en su propio cuerpo y que se regule a través de estas sensaciones para que pueda convertirse en su regulador externo, lo que les permite tomar prestada su capacidad reguladora y trabajar en su propia agresividad.

PUNTOS CLAVE DEL CAPÍTULO 5

- Es esencial desarrollar una relación con su cuerpo, ya que su cuerpo es la herramienta más importante en la sala de terapia de juego.
- Sintonía: Sienta qué debe hacer en el juego, en lugar de razonarlo.
- Su ventana de tolerancia necesita ser mayor que la de los niños para poder sostener y contribuir a regular su desregulación.
- El impulso de rescatar al niño o de aplacar su juego a menudo se correlaciona con las partes de nosotros que todavía necesitan sanar. Su dolor nos recuerda a nuestro dolor.
- Sus creencias sobre si la agresividad es mala o no, si debe aplacarse o contenerse, y sobre si es aterradora influirán en su capacidad de permanecer presente cuando la agresividad haga acto de presencia en la sala de terapia de juego.

6

Los fundamentos
de la regulación

Imagínese que usted va a ir a nadar y el agua está un poco fría. Cada verano, paso un tiempo en las costas de Connecticut e, incluso mientras escribo estas líneas, puedo sentir cómo se me eriza el vello de los brazos imaginándome la sensación del agua fría.

Soy consciente de que usted podría ser de los que se lanza al agua sin pensarlo dos veces, pero para esta analogía imaginemos que hoy está algo cohibido y el cerebro percibe el agua fría como un desafío. Da unos pasos en el agua e inmediatamente siente el agua fría en los pies y los tobillos, ¡y es un poco chocante! Así que se detiene y respira a medida que va sintiendo las sensaciones y, cuando su cuerpo consigue adaptarse, da un paso más y el agua le llega ahora hasta las rodillas. Si es de los míos, sus hombros están ahora prácticamente pegados a sus las orejas y ya está agitando las manos para tratar de manejar las sensaciones y probablemente está diciendo, "¡Ay, qué fríooooo!", por no decir algo peor. Después de unos minutos, se acostumbra y da otro paso. El agua ahora le llega hasta el vientre. Esa zona es difícil. La sensación es un poco más intensa y usted está agarrotando cada músculo de su cuerpo, tratando de manejar el impacto de las sensaciones. Una vez más respira y trata de ayudar a su cuerpo a relajarse y adaptarse. Con el tiempo, la temperatura se vuelve tolerable e incluso refrescante. Así hasta que finalmente está nadando.

Ahora fijémonos en qué hizo automáticamente para regularse a medida que se iba metiendo en el agua fría. En primer lugar, utilizó la atención plena y la consciencia para desarrollar una relación con las sensaciones de su cuerpo. También utilizó la respiración y el movimiento para adaptarse a la intensidad. Es posible que hasta haya gritado, se haya estremecido o haya puesto nombre a su experiencia en voz alta: "¡Pufff! ¡Está helada!". Todas ellas son estrategias que utilizó automáticamente para regularse en la intensidad e irse adentrando más en el agua hasta estar completamente sumergido.

Y estos son exactamente los mismos procesos que se pueden utilizar en la sala de terapia de juego. Desde la perspectiva de la Synergetic Play Therapy (Terapia de juego sinergética), los terapeutas deben regular en primer lugar sus propios cuerpos para evitar experimentar altos estados de desregulación, lo que puede provocar desgaste y síntomas de fatiga por compasión. Como aprendimos en el capítulo anterior, también puede dar lugar a una incapacidad para permanecer presente y al deseo de aplacar el juego, lo que puede hacer que el niño no se sienta seguro en la relación. También permite a los terapeutas entrar en la función del regulador externo para que el niño, a su vez, pueda tomar prestada su capacidad reguladora.

COLÓQUESE PRIMERO SU MÁSCARA DE OXÍGENO ANTES DE AYUDAR A OTROS PASAJEROS

Cuando volamos en avión, antes de despegar, el auxiliar de vuelo anuncia por el altavoz los procedimientos de seguridad que se deben seguir en caso de una emergencia. Uno de los procedimientos que vamos a escuchar es: "En caso de despresurización de la cabina, se abrirán los compartimentos situados encima de sus asientos que contienen máscaras de oxígeno. Los pasajeros que viajen con niños o con personas que necesiten su ayuda, deben colocarse primero su máscara de oxígeno antes de ayudar a los demás pasajeros". Incluso las aerolíneas entienden este principio. ¡Usted tiene que ayudarse a sí mismo a respirar antes de poder ayudar otra persona! Este principio es uno de los pilares de aprender cómo enseñar a nuestros clientes menores a regularse.

Usted tiene que saber autorregularse antes de poder ayudar a un niño a hacer lo propio.

A medida que los niños juegan y sus sistemas nerviosos se activan, sus recuerdos, emociones y sensaciones corporales comienzan a emerger. Sentiremos los estados desregulados de sus sistemas nerviosos a través de un proceso llamado *resonancia,* seamos o no conscientes de ello. No olvide que nuestro cerebro absorbe mucha más información de la que registra conscientemente. *Resonancia*, según Siegel (2012, p. AI-69), es "la influencia mutua de los sistemas que interactúan entre sí que permite que dos o más entidades se conviertan en parte de un todo funcional".

Los niños necesitan que sintamos plenamente, para que podamos seguir sintonizándonos y estando presentes con ellos. La experiencia de estar presente puede ser descrita de la siguiente forma:

> Presencia implica ser consciente de lo que está sucediendo a medida que ocurre, ser receptivo a nuestro propio mar mental interno, y sintonizarnos con la vida interior de otra persona. Estar presentes para los demás supone que resonamos con lo que está pasando en su mundo interior, con lo que creamos de forma esencial una vía para sentir sus sentimientos. (Siegel, 2013, p. 218).

En una sesión, cuando los niños se desregulan, todas sus señales no verbales y verbales nos ofrecen información sobre lo que está sucediendo en su interior. Cuando registramos esta información, nuestro cerebro realmente lo trata como una experiencia compartida con ellos (Iacoboni, 2008). Esto significa que, cuando vemos el malestar de nuestros clientes, sentimos como si estuviéramos luchando con ellos.

En otras palabras: en estas sesiones de terapia de juego intensas será inevitable que experimente cierto grado de desregulación. Su cerebro está diseñado para percibir amenazas y desafíos, como ya hemos descubierto. Como recordatorio, el trabajo no consiste en tratar de evitar que esto suceda, sino en aprender cómo regularse en estas circunstancias para que pueda permanecer presente y mantener la activación ventral. En el proceso, usted reforzará su propia capacidad de regulación y les servirá de ejemplo a los niños mostrándoles opciones sobre cómo podrían ser capaces de hacer lo mismo.

APRENDER POR IMITACIÓN O EL JUEGO DEL ESPEJO

Es bien sabido que los niños aprenden cómo regular sus propias emociones al observar y percibir las respuestas de sus cuidadores. Los niños son capaces de aprender mediante la observación gracias al sistema de neuronas espejo (Iacoboni, 2007; Rizzolati, Fogassi, y Gallese, 2001). Este es el sistema de empatía emocional responsable de "siento lo que sientes". Podemos utilizarlo para sincronizarnos con las emociones de otras personas mediante la lectura de las expresiones faciales y del lenguaje corporal y la interpretación del tono de voz.

Cuando observamos una acción una y otra vez, este sistema también hace posible que comprendamos las acciones de los demás y que imitemos esas acciones (Bandura, 1977). Ayuda a nuestra mente a crear un modelo mental simulado de lo que observamos y luego imitar lo que hemos visto (Heyes, 2009). Un buen ejemplo de cómo funciona esto, es observar lo que pasa en una clase de preescolar cuando uno de los niños bosteza. Como una reacción en cadena, la mayoría de los otros niños bostezará. Otro ejemplo del funcionamiento del sistema de neuronas espejo es cuando un bebé intenta sacar la lengua porque está viendo a mamá o papá hacerlo. Observar a sus padres activa automáticamente sus neuronas espejo, que activan las neuronas motoras y hacen que el bebé saque la lengua. Este fenómeno ayuda a explicar por qué dar un ejemplo a imitar es un componente clave del proceso de aprendizaje. Se sospecha que, en el proceso terapéutico, el sistema de neuronas espejo hace posible que el terapeuta y el cliente compartan interacciones resonantes cercanas. El resultado es que, a través del establecimiento de un ejemplo a imitar, los niños son capaces de ver a sus terapeutas de juego y aprender cómo regularse cuando surgen emociones desafiantes durante su juego, lo cual es uno de los principales objetivos con niños que están poniendo en práctica el juego agresivo; esto es lo que comienza a separar el trabajo con la agresividad en este sentido de la catarsis.

Cuando observamos a los demás, buscamos las intenciones que esconden sus patrones y emociones con el fin de crear un modelo mental de esa persona (IACOBONI, 2008). La creación de estos modelos mentales es una de las principales funciones del sistema de neuronas espejo. Una vez que entendemos la intención detrás de la acción que estamos observando, somos capaces de imitar esta acción. Es como si el sistema de neuronas espejo nos preparase para ser capaces de imitar a los demás. Esta es la razón por la que los niños copian los comportamientos que ven modelados por los adultos y por otros niños de su entorno.

Los psicólogos sociales Tanya Chartrand y John Bargh crearon un experimento en el que se pidió a los sujetos que eligieran fotos de un grupo de fotografías. En la misma sala había otra persona que fingía ser también un sujeto del experimento. A los sujetos reales se les dijo que el experimento consistía en encontrar imágenes que percibieran como estimulantes de alguna manera. Mientras que los sujetos reales estaban ojeando las imágenes, al sujeto cómplice del experimento se le pidió que hiciese algo muy concreto, como frotarse la cara o sacudir el pie. ¿Puede adivinar lo que ocurrió? Chartrand y Bargh encontraron que los sujetos reales inconscientemente comenzaron a copiar la acción deliberada del sujeto cómplice del experimento (Iacoboni, 2008).

Ahora vamos a trasladar los hallazgos de este estudio a la sala de terapia de juego. A medida que el niño está poniendo en práctica un juego agresivo, el terapeuta comienza a dar ejemplo deliberado de cómo regularse cuando siente la desregulación, y el sistema de neuronas espejo del niño comienza a copiar las estrategias empleadas por el terapeuta. Esta es una de las formas en que el terapeuta es capaz de regular externamente al niño. La propia regulación del terapeuta en un momento de intensidad también sirve para mejorar el intento del sistema nervioso del niño de regularse. A través de la atención del terapeuta a su respiración, al movimiento y a las sensaciones corporales, es capaz de llegar al niño desregulado y ayudarlo a regresar a un estado regulado.

MIKEY

"Tienes que sentarte aquí", me indica Mikey, un cliente de 5 años, mientras traza un pequeño círculo imaginario en el medio de la sala. "Es una isla y tú tienes que sentarte en ella y no puedes moverte". Estas son las únicas palabras que Mikey me dice. El resto de la sesión, está completamente callado. Estando allí sentada en mi pequeña isla en el juego, mi estómago comienza a hacerse un nudo. Al darme cuenta de que, si me muevo voy a caer en el océano, comienzo a sentir ansiedad. Advierto que es difícil tomar una respiración profunda. Un tiburón de títere comienza a nadar en círculos alrededor de mi isla, y al mismo tiempo siento la ansiedad crecer en mí. El tiburón está acechándome con la mirada. Mi cuerpo responde con una sensación de miedo. Mi respiración se vuelve superficial. Mi cuerpo se tensa. El tiburón salta fuera del agua y se lanza a por mí. Consigue atrapar mi brazo entre sus dientes y no lo suelta. "¡El tiburón me está mordiendo el brazo sin soltarlo! ¡Estoy aterrada!", digo en voz alta.

Finalmente, Mikey abre la boca del tiburón y libera mi brazo, y el tiburón vuelve al agua y sigue nadando en círculos rodeando mi pequeña isla. Me doy cuenta de que estoy conteniendo la respiración mientras espero a lo que sigue. En el juego, no puedo escapar. Entonces, una vez más, el tiburón sale del agua y me muerde. Me tiene atrapada firmemente entre sus mandíbulas durante lo que me parecen minutos mientras yo grito de dolor imaginario. Finalmente, Mikey vuelve a liberar la boca del tiburón, y me siento allí en el juego preguntándome si va a volver a ocurrir.

DAR EJEMPLO DE LA REGULACIÓN

Volvamos a la escena en la que trato de meterme en el agua helada de Connecticut. A medida que la sensación del agua entra en mi consciencia, tengo que usar la atención plena, la respiración y el movimiento, además de ponerle nombre a mi experiencia en voz alta, para permitirme avanzar hacia las sensaciones difíciles. Ahora exploremos cada una de estas técnicas, la forma en que se emplearon con Mikey, y el efecto que tuvieron tanto en él como en mí.

Atención plena

Atención plena (mindfulness) significa estar despierto.
Significa saber lo que está haciendo.
— *Jon Kabat-Zinn*, Wherever You Go, There You Are:
Mindfulness Meditation in Everyday Life (1995)

La regulación comienza con la atención plena, con la toma de conciencia de lo que es. Este aspecto importante del crecimiento es por lo que pasamos tanto tiempo como terapeutas participando en la escucha reflexiva y en repetirles a nuestros clientes lo que les oímos decir. Es también la razón por la que hacemos un seguimiento de juego del niño haciendo observaciones en voz alta. Estamos tratando de ayudar a nuestros clientes a activar su propia atención plena, la toma de conciencia de lo que están diciendo, haciendo y sintiendo.

Allan Schore (1994) explica que, cuando algún estado emocional o acción desafiante entra en juego, precipitados por el cliente menor, un terapeuta sintonizado utiliza la atención plena para intentar abrirse a estos sentimientos y sensaciones internos y no alejarse o defenderse de ellos. Es entonces cuando el terapeuta puede comenzar a modular la intensidad usando un diálogo auténtico para describir los estados cognitivos, emocionales y sensomotores, y a dar ejemplo de la regulación de las sensaciones corporales a través de la respiración y el movimiento (Badenoch, 2008).

En la sala de terapia de juego, utilizamos la atención plena para:

1. darnos cuenta de lo que estamos experimentando, para que podamos modular eficazmente la activación de nuestros propios sistemas nerviosos y permanecer ventralmente activados y presentes con nuestros clientes, lo que les permite tomar prestada nuestra capacidad de regulación;

2. sentir el mundo interior de nuestros clientes, lo que hace que ellos puedan sentirse "sentidos" por nosotros;

3. advertir las señales no verbales de nuestros clientes, lo que nos permite sintonizarnos más con ellos y mantenernos alerta ante una posible inundación emocional;

4. darnos cuenta de juego de nuestros clientes, de modo que podamos usar frases de escucha reflexiva y hacer observaciones en voz alta para ayudarlos a ser conscientes de sí mismos;

5. tomar conciencia de nuestras propias sensaciones corporales y sentimientos para poder empezar a sentir lo que necesitamos con el fin de abrirnos más a los sentimientos que surgen de juego, en lugar de retraernos y apartarnos de ellos, lo que le da permiso al niño para hacer lo mismo;

6. mantener una atención dual, que nos permite ser conscientes de nosotros mismos y de nuestros clientes.

Tenía que comenzar con la atención plena (*mindfulness*) y tomando conciencia. Una vez que tomé conciencia de mí misma y de Mikey, fui capaz de utilizar la respiración, el movimiento y el nombramiento de mi experiencia (además de expresar en voz alta mis observaciones para seguir el juego) para convertirme en la reguladora externa y ayudar a Mikey a empezar a rediseñar su sistema nervioso mientras que él representaba mediante el juego sus sentimientos, sensaciones corporales y pensamientos relacionados con sus recuerdos traumáticos.

Respiración

Regular la respiración y, con ello, controlar la mente.
                          —B. K. S. Iyengar (1979)

La forma en que respiramos influye drásticamente en nuestro sistema nervioso. De hecho, cuando nos desregulamos, también lo hace nuestra respiración, y viceversa. ¿Sabía que puede crear un estado de desregulación en su cuerpo con solo respirar de cierta manera? Cuando respira superficialmente (la inhalación es más larga que la exhalación), puede activar el sistema nervioso simpático, lo que crea sentimientos de ansiedad y agobio.

Por el contrario, si mantiene las exhalaciones más largas que las inhalaciones por un tiempo prolongado, comenzará a sentir los síntomas de hipoexcitación a medida que su sistema nervioso parasimpático se activa. Cuando estamos inmersos en un juego intenso y agresivo, nuestra respiración se ve afectada porque nuestro sistema nervioso autónomo se activa. Una de las mejores maneras de regular y gestionar la intensidad que estamos experimentando en la sala de terapia de juego es a través de la respiración.

Cuando me senté por primera vez en la isla que Mikey había creado para mí, me di cuenta de que mi respiración cambió. Podía sentir una opresión en el pecho, y se volvió más difícil respirar normalmente. Cuando advertí esto, tomé una respiración profunda para permitir una mayor entrada de aire en los pulmones. Una vez que el tiburón comenzó a acecharme en círculos, la percepción de que no estaba a salvo del tiburón influyó de nuevo en mi respiración, creando la sensación de tener poco espacio en los pulmones al mismo tiempo que sentía mi corazón latir más rápido. Mi respiración se volvió más superficial. En el juego, cuando el tiburón me mordió el brazo y no lo soltaba, me di cuenta de que una sensación de pánico invadía mi cuerpo por lo que conscientemente hice un esfuerzo por alargar mis exhalaciones para contrarrestar el agarrotamiento. Cuando el tiburón lo soltó y volvió al agua, empecé a autorregularme tomando respiraciones completas, permitiendo que mi cuerpo descargara la energía que simplemente se había acumulado en el juego.

Como terapeutas de juego, utilizamos la respiración para:

- modular la desregulación en nuestro sistema nervioso que se presenta como respuesta a las historias y juegos concebidos por los niños, lo que nos permite estar presentes y en sintonía;
- modular la intensidad en el juego de los niños para apoyar su capacidad para seguir avanzando hacia los sentimientos, sensaciones y pensamientos incómodos y convertirse de este modo en el regulador externo;
- modelar y con ello alentar a los niños a respirar, lo que permite la integración en sus sistemas nerviosos de su estado desregulado;
- activar nuestro estado ventral a la vez que sentimos la desregulación en nuestros cuerpos.

A medida que Mikey activó una respuesta simpática en los dos con su juego, mi respiración se convirtió en el ancla. Cuando yo respiraba, Mikey respiraba. Cada vez que lo hacía, estaba reconfigurando su patrón de respiración. Mikey utilizó mi respiración para ayudarle a sentirse seguro.

Movimiento

El cuerpo siempre nos lleva a casa... basta con aprender a confiar en nuestras sensaciones y a permanecer con ellas el tiempo suficiente para que revelen la acción, el movimiento, la percepción o el sentimiento correctos.

—Ogden, Minton y Pain, 2006

Cuando el objetivo es enseñar a los niños cómo regularse en presencia de emociones y sensaciones desafiantes, es esencial que el movimiento forme parte del proceso terapéutico. Sin movimiento, será difícil que el niño aprenda a navegar por el paisaje en el que surge la energía desafiante.

Como terapeutas de juego, utilizamos el movimiento por tres razones:

- Nos ayuda a tomar conciencia de lo que estamos experimentando.
- Es una forma de regular nuestro sistema nervioso y no quedar atrapados en un estado desregulado.
- Les da permiso a los niños para utilizar el movimiento también como una forma de gestionar sus estados internos.

Aunque Mikey me había dicho que tenía que quedarme en mi pequeña isla y la parte inferior de mi cuerpo no se podía mover, sí podía mover el tronco y los brazos. Entre las embestidas del tiburón cuando nadaba rodeando la isla, aproveché la pausa en la intensidad de juego para permitir que la parte superior de mi cuerpo se moviera y liberara parte de la tensión. En el juego, atendí mi herida sosteniendo mi brazo y tocándolo en torno a la mordida, para dar ejemplo de autocuidado y conexión. También frotaba y apretaba las piernas para crear un flujo de energía y que la energía traumática no se quedase atascada en la mitad inferior de mi cuerpo, y me frotaba la mano que tenía sobre el corazón y suavemente me balanceaba hacia adelante y hacia atrás en un intento por estabilizarme y conectar conmigo misma. Mientras hacía todo esto, Mikey me observaba.

No buscaba la forma correcta de moverme; simplemente confiaba en lo que mi cuerpo necesitaba y seguía la información, teniendo en cuenta que todo lo que hiciera debía encajar con el contexto de juego creado por Mikey. Por ejemplo, no me paré para sacudir las piernas, ya que se trataba de que estuviera en un área pequeña, sintiéndome atrapada y angustiada.

Di ejemplo de regulación en el marco de la energía del papel que Mikey me asignó en el juego.

Ponga nombre a su experiencia en voz alta

De todas las formas de regulación, ponerle nombre a su experiencia en voz alta parece ser la más temible para la mayoría de los terapeutas de juego. Muchos terapeutas de juego creen que no está bien ponerle nombre a su experiencia en voz alta por temor a abrumar a los niños o a predisponerlos a tener que cuidar del terapeuta. Tenga en cuenta que lo que está nombrando es una respuesta al juego que ellos han creado.

Esto me parece interesante, teniendo en cuenta que dedicamos tanto tiempo a enseñarles a los padres a hacer justo lo mismo. Les explicamos la importancia de ponerles nombre a sus emociones en voz alta y, sin embargo, no hacemos lo mismo en la sala de terapia de juego. En el contexto de la crianza, honramos y alentamos a los adultos a ponerles nombre a sus experiencias con la idea de que, cuando lo hacen, están dando ejemplo y enseñando a sus hijos sobre el mundo de las emociones. Fonagy y Target (2002) afirmaron que se crea un sentido de seguridad cuando un cuidador se embarca en la autorreflexión. Los niños usarán la función reflexiva del cuidador para interesarse por sus experiencias (Levy, 2011). Levy, Ginott (1965), Gottman (1997) y Post (2009) también consideraron que, siempre que las expresiones traten de las acciones de los niños y no de sus personajes, es importante que los adultos les comuniquen honestamente y en voz alta sus emociones a los niños. No hacerlo puede dar lugar a una mayor desregulación y a un estado de excitación, tanto para los niños como para los adultos (Gerhardt, 2004).

De acuerdo con Daniel Siegel y Tina Bryson (2011), ponerles nombre en voz alta a las experiencias internas permite que una persona navegue a través de estados de malestar y ayuda a regular el sistema nervioso. Siegel acuñó la frase "Name it to tame it" (algo así como "denominarlo para domarlo") para describir el efecto calmante que ponerle nombre en voz alta a su experiencia tiene sobre la amígdala en el cerebro (Siegel, 2011). Nombrar su experiencia en voz alta le permite permanecer presente con lo que forma parte de su consciencia y desarrollar una mayor flexibilidad en sus estados internos. Al mismo tiempo, de acuerdo con Allan Schore (1994), la sangre fluye a la corteza prefrontal derecha del cerebro, un proceso esencial para la regulación emocional.

Mientras jugaba con Mikey, me permití describir mis experiencias internas en voz alta. Decía cosas como: "¡Tengo miedo!" y "No me siento segura" cuando el tiburón acechaba la isla. Cuando me senté inicialmente en la isla, dije, "se me está haciendo un nudo en el estómago y estoy nerviosa" y "me está costando tomar una respiración profunda". Tanto durante los ataques de tiburones como después, imité los sonidos que correspondían a lo que sentiría si un tiburón me estuviera mordiendo el brazo de verdad.

Como terapeutas de juego, le ponemos nombre en voz alta a nuestra experiencia para:

- darles a nuestros clientes el lenguaje para describir los diversos estados emocionales y sensaciones físicas que están creando para que experimentemos y que ellos también están sintiendo en su interior;

- darles permiso para ponerles nombre a sus experiencias también;
- contribuir a que se sientan "sentidos", dado que verbalizar nuestra experiencia los ayuda a entender que los entendemos;
- regular nuestros propios sistemas nerviosos, lo que nos mantiene presentes y ventralmente activados.

Cuando Mikey subió la intensidad de juego, tuve que conectarme a mí misma y estar dispuesta a sentir y avanzar hacia las sensaciones incómodas que surgieron en mi cuerpo para poder convertirme en la reguladora externa que ayuda a modular la intensidad en la sala. Al mantenerme atenta a mis sensaciones y emociones corporales, y al mismo tiempo entender que estaba facilitando el juego y no corría peligro realmente, fui capaz de permanecer presente y en sintonía con él. Según Dan Siegel (2007), cuando el terapeuta está dispuesto a sentir lo que se siente un cliente, el cliente se siente sentido por el terapeuta. Fue este sentimiento de ser sentido por mí, junto con mi ejemplo de regulación, lo que permitió que Mikey avanzara hacia los recuerdos, los sentimientos y las sensaciones que le estaban resultando difíciles de integrar. Sentir conscientemente la intensidad y avanzar hacia los estados emocionales exagerados le hacer ver al niño que no pasa nada por adentrarse en la experiencia en lugar de huir de ella (Siegel, 2010; Ogden, Minton y Pain 2006; Ogden, Pain, Minton y Fischer, 2005). La regulación también apoyó la capacidad de Mikey de permanecer dentro de su ventana de tolerancia y ayudó a que el juego comenzara a integrarse en lugar de aumentar en intensidad.

Obviamente, no aprendió a manejar su hiperexcitación en una sola sesión, pero a lo largo de unas cuantas sesiones fue capaz de avanzar hacia la autorregulación de su propio sistema nervioso. Con el paso de las sesiones, los patrones de respiración y la sensibilidad al tacto de Mikey cambiaron. Sus padres informaron que ahora era capaz de hablar sobre cómo se sentía de una manera que no había podido hacer antes, y que su comportamiento agresivo se había reducido significativamente. Su juego también fue cambiando a temas de seguridad y cuidado a medida que su trauma se fue integrando.

PUNTOS CLAVE DEL CAPÍTULO 6

- Una de las principales formas en que los niños aprenden es a través de la observación, por medio del sistema de neuronas espejo. El sistema de neuronas espejo permite a los niños copiar las estrategias de regulación utilizadas por el terapeuta.
- Los terapeutas deben autorregularse antes de poder ayudar a los niños a regularse.
- En los juegos de los clientes infantiles, los terapeutas sentirán los estados desregulados del sistema nervioso de los niños, a través de un proceso llamado *resonancia*.
- La respiración, el movimiento y ponerle nombre en voz alta a su experiencia son elementos clave en el proceso de regulación y se pueden utilizar para apoyar la integración de la agresividad en la sala de terapia de juego.
- Lograr la atención plena es el primer paso hacia la regulación y la integración.

7

La preparación

*Recuerde siempre que todo lo que está sucediendo
a su alrededor tiene sus raíces en la mente. La
mente es siempre la causa. Es el proyector, y fuera
sólo hay pantallas; usted se proyecta a sí mismo.*

—*Osho (1983)*

Cuando los niños entran en nuestra sala de terapia de juego, nos preparan para sentir lo que sienten. En otras palabras, nos ofrecen información sobre su experiencia a través de su lenguaje corporal, sus palabras y sus acciones. También hacen esto con los juguetes. Este es realmente el núcleo del proceso proyectivo en la terapia de juego. A medida que nos preparan para sentir lo que sienten, tienen la oportunidad de vernos manejar las sensaciones y emociones que estamos sosteniendo. A menudo, este hecho se pasa por alto o genera confusión; sin embargo, es uno de los componentes fundamentales de ser capaz de comprender lo que el niño está tratando de comunicar.

*Los niños proyectan su mundo interior en los juguetes y el
terapeuta, preparándolo para experimentar su percepción de
lo que se siente al ser ellos.*

—*Dogma recogido en Synergetic Play Therapy*

Si un niño se siente ansioso, los preparará a usted y a los juguetes para sentir ansiedad. Si un niño tiene dificultades con el rechazo y no siente que es lo suficientemente bueno, los preparará a usted y a los juguetes para sentirse rechazados y no lo suficientemente buenos. Si un niño se siente abrumado, los preparará a usted y a los juguetes para sentirse abrumados. Si un niño se siente controlado, los preparará para sentirse controlados. Esta "preparación" a la que se hace referencia en la Synergetic Play Therapy (Terapia de juego sinergética) no es un proceso de manipulación, sino un ofrecimiento de información muy valiosa para ayudarnos a entender a nuestros clientes.

Reflexión

Tome un momento y recuerde su última sesión de terapia de juego. Vuelva a la sala de terapia con el niño y permítase sentir lo que suponía tener una vinculación con el niño. Pregúntese: "¿Qué me preparó para sentir? ¿Qué preparó para que sintieran los juguetes?". Considere lo que sucedió con su sistema nervioso. ¿Estaba hiperexcitado? ¿Estaba hipoexcitado? ¿Iba y venía entre ambos estados? Reflexione sobre cómo esta información es relevante para el mundo del niño.

Volvamos a Mikey, del que hablamos en el último capítulo. ¿Qué estaba Mikey tratando de conseguir que yo sintiera? Mientras estaba sentada allí, sentí ansiedad y miedo en el cuerpo, una sensación de estar atrapada y ser incapaz de protegerme en modo alguno. También noté la falta de aliento en determinados momentos de juego. Analicemos cómo podría ser esto relevante para la vida y los traumas de Mikey que él estaba tratando de integrar. Poco después de su nacimiento, los padres de Mikey se dieron cuenta de que tenía un montón de sensibilidades táctiles. También tuvo problemas respiratorios y frecuentes ataques de pánico cuando era un niño pequeño. A menudo, estos ataques de pánico requerían hospitalización, lo sujetaban para poder darle las inyecciones y colocar monitores en su cuerpo. Imaginemos cómo podría haber percibido Mikey estas experiencias. ¿Podría haberse sentido ansioso? ¿Aterrorizado? ¿Haber sentido dolor por las inyecciones y la sensación de los monitores en su piel sensible? ¿Incapaz de moverse o de protegerse a sí mismo? ¿Indefenso? ¿Haber tenido dificultad para respirar? Aunque no podamos saberlo con seguridad, podemos sospechar que su experiencia no fue muy diferente a eso.

Mikey hizo lo que tenía que hacer para "prepararme" para experimentar su percepción de sí mismo y de las cosas que le habían sucedido y luego vio cómo lo manejé. También pasaba mucho tiempo "preparando a los demás" para sentir lo que estaba pasando dentro de él en su intento por integrar estos sentimientos y sensaciones. La razón principal por la que había sido traído a la terapia era que era agresivo, a menudo asustaba a la gente de una manera sorprendente e intentaba hacerles daño físicamente. Desde la perspectiva de la "preparación", podemos ver que Mikey estaba haciendo todo lo posible para enseñarle a todo su entorno lo que estaba intentando integrar en su interior.

Lamentablemente, todo el mundo lo aplacaba y le decía que tenía que parar, en lugar de enseñarle y darle un ejemplo de cómo manejar la intensidad que estaba presentándose en su sistema nervioso hiperexcitado. No comprendían que su agresividad era un intento de comunicación y regulación. Es importante tener en cuenta que conocer la historia de Mikey no era algo necesario para que pudiera trabajar con él de esta manera. Para hacer este trabajo, no necesitamos saber la historia de fondo. El niño se encargará de prepararlo y con lo que usted aprenda podrá ayudar a sus clientes a integrar los recuerdos desafiantes y sus correspondientes sensaciones y sentimientos internos sin saber exactamente lo que sucedió.

UN PIE DENTRO Y OTRO FUERA

Hay una serie de puntos clave que espero aclarar en este libro, y el concepto que voy a compartir es uno de ellos, así que agarre el rotulador o la pluma y marque con una estrella este párrafo.

¿Alguna vez viendo una película se ha sentido enojado, triste, asustado, hiperalerta o todo lo anterior en las dos horas frente a la pantalla mientras veía las escenas desarrollarse ante sus ojos? ¡Por supuesto que le ha pasado! Es fácil llegar a estar tan absorto que sienta que está realmente en la película y se olvide de que usted está viendo cine. Dé un paso más y fíjese en que todas las emociones que experimenta mientras ve una película no son ni siquiera en respuesta a gente real frente a usted, sino que está respondiendo a los actores en una pantalla que tampoco vivieron realmente los acontecimientos que les suceden en la película. Ahora dé otro paso más y dese cuenta de que, en realidad, está respondiendo a una pantalla pixelada con imágenes proyectadas en ella. Sin embargo, me costaría convencerlo de que la experiencia de su cuerpo no es genuina y no se siente *real*. El mismo fenómeno ocurre en una sesión de terapia de juego. Cuando estamos en una sesión con el niño, *el juego intenso se siente real*. Esto ocurre tanto si somos participantes activos como si simplemente estamos observando el juego. Aquí es donde necesitamos que se active nuestro sistema ventral.

Cuando Mikey me preparó en su juego para experimentar su percepción de sí mismo y de los acontecimientos de su vida en los que estaba trabajando, yo sabía que no me estaban pasando realmente a mí. Sabía que no estaba realmente en una pequeña isla siendo atacada por un tiburón, a pesar de que mi cuerpo no lo sabía. Esta es una clave para entender este libro.

Tenemos que estar en la experiencia y no estar en la experiencia de forma simultánea. Esto implica que tenemos que permitirnos sentir la realidad de la desregulación en nuestros cuerpos que, naturalmente, surgirá como participantes y observadores de juego, sabiendo también que se trata de un juego de niños. Teresa Kestly (2014) lo describió como la capacidad de notar las sensaciones (hemisferio derecho) y la percepción consciente (hemisferio izquierdo) al mismo tiempo. El seguimiento de estas dos experiencias es lo que nos permite mantener la neurocepción de la seguridad, lo que, a su vez, nos permite estar regulados y presentes. Cuando no tenemos esta doble consciencia, corremos el riesgo de apartarnos demasiado de nuestros clientes o, al contrario, de fusionarnos con ellos. El uso de la atención plena (*mindfulness*), la respiración, el movimiento y el nombramiento de su experiencia son contribuyentes a su capacidad para mantener un pie dentro y otro fuera.

Cuando imparto alguna clase, siempre les pido a mis estudiantes que tengan "un pie dentro y otro fuera" como un mantra que pueden llevar a la sala de terapia de juego a modo de recordatorio de que deben sentir la experiencia, pero no perderse en ella.

Estas son algunas pistas que puede encontrar en la sala de terapia de juego para saber que tiene un pie dentro y otro fuera.

- Todavía es consciente del tiempo. Sabe cuánto tiempo le queda en cualquier momento dado de la sesión.
- Es consciente de lo que está sucediendo a su alrededor y no está perdido en el juego del niño.
- Sabe que está seguro, incluso cuando la agresividad hace acto de presencia y el juego se vuelve intenso.

- Es consciente de su cuerpo: está controlando su respiración y puede notar las sensaciones dentro de sí.
- Es consciente del niño y puede seguir sus señales no verbales, a la vez que se da cuenta de la activación y regulación en el cuerpo del niño.
- No toma el juego personalmente.
- Puede sentir las emociones a medida que surgen en el juego del niño, pero no se deja consumir por ellas.
- No trata de rescatar al niño del malestar.
- Tiene una sensación de estar "con" el niño, pero también reconoce que usted está aparte del niño.

¿SOY YO O ERES TÚ?

Cuando miramos a los demás, los encontramos tanto a ellos como a nosotros.

-Iacoboni (2007, p. 139)

"¿Cómo sé que lo que siento no es solo mío?" y "¿cómo puedo separar mi experiencia de la experiencia del niño?" son dos de las preguntas más comunes que escucho sobre el proceso proyectivo.

Vamos a analizar otro aspecto del sistema de neuronas espejo un poco más para comprender lo que ocurre entre dos personas. El descubrimiento de estas neuronas en la década de 1980 por parte de Giacomo Rizzolatti, Giuseppe Di Pellegrino, Luciano Fadiga, Leonardo Fogassi y Vittorio Gallese en la Universidad de Parma realmente comenzó a ayudarnos a entender que las experiencias que tenemos cuando estamos en relación con los demás son experiencias compartidas. De hecho, realmente no se pueden separar una de otra. Dan Zahavi (2001) afirmó que las experiencias de dos personas "se iluminan recíprocamente y solo pueden entenderse en su interconexión". Iacoboni llegó hasta el punto de asegurar que "No podemos y no debemos separar artificialmente yo del prójimo" (2008, p. 133). Lo que esto significa es que prácticamente "en otras personas, nos vemos a nosotros mismos" (p. 134).

Imagínese esto por un minuto. Dondequiera que se encuentre al leer esto, de repente, una mujer entra en la sala. Inmediatamente se gira hacia ella y, conscientemente o no, registra su expresión facial y su energía corporal. La persona que está observando avanza rápidamente hacia usted, con los ojos bien abiertos y un nivel de energía frenético. ¿Cómo se siente usted al imaginar esto? Lo más probable, si está en sintonía con su cuerpo, es que note cierta ansiedad. La pregunta es: ¿de quién es esa ansiedad? ¿Siente la suya o la de la mujer? La respuesta es ambas.

Resulta que, cuando observamos a otras personas, nuestro cerebro crea una simulación completa, incluso de los componentes motrices, de lo que estamos observando. Es como si por un momento nos imagináramos ser la persona a la que estamos observando. Nuestro cerebro de hecho trata de sentir lo que la otra persona está experimentando y afronta lo que observamos como una experiencia compartida con otros (IACOBONI, 2008).

En palabras de Iacoboni:

Nuestras neuronas espejo se activan cuando vemos a otros expresando sus emociones, como si fuéramos nosotros los que estamos poniendo esas expresiones faciales. Por medio de esta activación, las neuronas también envían señales a los centros emocionales del cerebro en el sistema límbico para hacernos sentir lo que otros sienten (p. 119).

Hagamos una pausa para discutir la relevancia de esto en la sala de terapia juego e hilar todo lo que hemos aprendido hasta ahora. Cuando los niños nos están haciendo participar en el juego dramático o pidiendo que seamos observadores de juego que están creando, estamos procesando sus señales verbales y no verbales. Estas son los diferentes estados de activación del sistema nervioso autónomo del niño. A medida que juegan y surgen los pensamientos, sentimientos y sensaciones en ellos, su sistema nervioso autónomo se activará simultáneamente. El terapeuta comenzará a ver señales de activación simpática o parasimpática dorsal. Al observar al niño, experimentará cambios somáticos dentro de sí mismo. Esto sucede automáticamente, lo queramos o no, y es la razón de que el juego se sienta tan real en nuestro cuerpo.

Marco Iacoboni (2008) escribió:

> Las neuronas espejo proporcionan una simulación irreflexiva y automática (o una "imitación interna"...) de las expresiones faciales de otras personas, y este proceso de simulación no requiere un reconocimiento explícito y deliberado de la expresión imitada. Al mismo tiempo, las neuronas espejo envían señales a los centros emocionales localizados en el sistema límbico del cerebro. La actividad neuronal del sistema límbico provocada por estas señales de las neuronas espejo nos permite sentir las emociones asociadas con las expresiones faciales observadas... Solo después de sentir estas emociones internamente somos capaces de reconocerlas de forma explícita (p. 112).

Uno de los mayores cambios de paradigma que necesitamos hacer como terapeutas de juego es la aceptación de que no podemos evitar la transferencia y la contratransferencia en la sala de terapia de juego. Yo incluso diría que, de hecho, esta transferencia y contra-transferencia es lo único que está ocurriendo en el paisaje terapéutico. La terapia es una experiencia compartida entre el profesional y el cliente, y ambos se activan (Bullard, 2015).

Hemos llegado a temer hasta tal punto nuestra propia activación, pensando que de alguna manera le haría daño al niño, que nos hemos perdido lo que la neurociencia está revelando ahora: la activación es una experiencia compartida inevitable. Es hora de dejar de evitar lo que no podemos evitar que suceda y, en vez de ello, aprender a usarlo.

PUNTOS CLAVE DEL CAPÍTULO 7

- Los niños entran en la sala de terapia de juego y, a través de sus palabras, acciones y de juego, preparan al terapeuta y a los juguetes para sentir lo que ellos sienten.
- El concepto de "un pie dentro y otro fuera" significa permitirse a sí mismo sentir el realismo de juego y al mismo tiempo ser consciente de que es justo eso: un juego. Esto es crucial para mantener la neurocepción de la seguridad en medio de la desregulación que se plantea en el juego.
- Tanto si usted es un participante activo como un observador, "la preparación" se siente real.
- Todas las experiencias son experiencias compartidas; nuestro cerebro intenta sentir lo que la otra persona está experimentando y trata la experiencia como si fuera propia.
- La transferencia y la contratransferencia no se pueden evitar en la sala de terapia de juego.

8

Expresión auténtica

"¡Hay un fantasma detrás de ti!", gritó Jack.

"¡Qué miedo! ¡Me muero de miedo!", dije poniendo mi mano derecha sobre el corazón y la otra mano en mi vientre. Exhalé con fuerza en un intento de estabilizarme.

"Y otro allá, y otro allá", dijo, señalando la esquina de la sala. "¡Van a hacerte daño!", exclamó.

"Tengo tanto miedo. No me siento segura. No tengo ningún tipo de protección", dije, sin dejar de respirar y de aferrarme a mí misma.

Jack puso sus ojos azules en blanco. "Sí, ya... Solo estamos jugando". A Jack me lo trajeron sus padres porque estaban preocupados por sus altos niveles de agresividad y lo que ellos llamaban sus "miedos irracionales". Durante la toma de contacto inicial con su madre, era obvio que estaba frustrada con él y emocionalmente desconectada de sí misma. Cuando le pregunté cómo se sentía acerca de la ira y los temores de su hijo, me miró y me dijo sin rodeos: "No tolero la ira". A continuación, pasó a compartir que la obsesión de Jack con los fantasmas era demasiado para ella.

En nuestra primera sesión de terapia de juego juntos después de que Jack introdujera a los fantasmas en el juego, me dijo que había unos hombres malos en el pasillo que podrían entrar en la sala en cualquier momento, pero, cuando le reconocí el miedo que estaba tratando de que sintiera trató de suprimir lo que le dije. Jack utilizaba su juego para prepararme para entender su abrumadora sensación de miedo junto con un claro mensaje de que no estaba bien expresar sus sentimientos. A los 5 años, había interiorizado los mensajes que había escuchado en su entorno sobre su ira y sus temores, y ya estaba aprendiendo a suprimir sus emociones.

Mientras jugaba, me permití sentir y expresar una respuesta auténtica basada en cómo me sentiría realmente si hubiera fantasmas en la sala y hombres malos en el pasillo. También me permití autorregularme en el estado de hiperexcitación, debido a que la hipervigilancia en su juego era intensa. Cada vez que expresaba mi miedo, me di cuenta de que estaba poniendo una mano en el corazón y el otra en el vientre. No había planeado hacer eso. Era la respuesta natural de mi cuerpo. Cuando le decía en voz alta que tenía miedo, Jack se burlaba de mí y al mismo tiempo trataba de asustarme. Se mofaba de mí diciendo cosas como: "Yo nunca tengo miedo. No tengo miedo de nada". Sin embargo, colocaba cada pistola, espada, escudo y granada de juguete e, incluso, un par de esposas frente a la puerta por si acaso los malos entraban.

Dos sesiones después, Jack y yo estábamos jugando en la bandeja de arena, y lo vi esconder una serpiente de plástico bajo la arena detrás de una figurita de un niño. Cuando empezó a mover la serpiente a través de la arena para asustar al niño, sentí el miedo invadirme y una vez más me permití tener una reacción auténtica.

"Ya está aquí esa sensación dentro de mí otra vez", dije en voz baja, vacilante. "Estoy asustada, pero me preocupa no poder decirlo porque tal vez me digan que no puedo tener miedo".

Jack me miró y se enderezó. "Yo también me asusto", anunció. Esta fue la primera vez que reconoció su miedo y no se burló de mí.

Sentí que mi cuerpo se relajaba, y pude sentir la importancia del momento. Tomé una respiración profunda para sostener el espacio para él. "¿De veras?"

"Sí. Y sé qué hacer cuando tengo miedo".

"¿Y qué haces?", pregunté, respirando profundamente para sostener este momento conmovedor.

"Mira", dijo, mientras ponía una mano en el corazón y la otra en el estómago y dejaba escapar una respiración profunda. Nunca le había dicho a Jack que parara y respirara hondo cuando tenía miedo. Me había visto hacerlo y había aprendido observándome. Mi disposición a responder con autenticidad y avanzar hacia las emociones incómodas le permitió aprender una estrategia de afrontamiento para regular su sistema nervioso. Él sabía que yo estaba siendo real y estaba en sintonía con él, lo que le permitió comenzar a avanzar hacia las emociones que ya había comenzado a suprimir dentro de él. Al trabajar con Jack de esta manera, le estaba ayudando a cambiar las conexiones sinápticas mediante la activación de su sistema de neuronas espejo. A medida que me observaba dando ejemplo de autorregulación en medio de una emoción intensa, aprendía que no tenía que negar sus propias emociones y sensaciones, sino que podía aceptarlas y aprender cómo regularse cuando surgieran. Aprendió que no solo era normal tener miedo, sino que también podía permitirse sentir plenamente.

¿PUEDO REALMENTE SER YO?

Cuando hablamos de autenticidad, se tiende a pensar: "Claro, por supuesto que tenemos que ser auténticos con el niño". Sin embargo, he encontrado que hay una cierta resistencia a ser nosotros mismos en relación con nuestros clientes infantiles. No recuerdo cuántas veces he oído decir a los terapeutas de juego, "No puedo decirle eso a un niño" o "¡No puedo hacer eso!". Estamos tan preocupados por herir emocionalmente a los niños o ponerlos en una situación en la que puedan pensar que necesitan rescatarnos que no nos damos cuenta de que ocultar nuestras auténticas experiencias puede hacer que se sientan "incomprendidos" y "desconectados" consigo mismos y con el terapeuta.

Cuando los terapeutas están sintiendo una emoción como el miedo, la ansiedad, la tristeza o la ira e intentan ocultar su experiencia, los niños son capaces de procesar las señales no verbales y verbales de los terapeutas. Estas les permiten saber que los terapeutas no están siendo auténticos. Es importante recordar que el cerebro de los niños está constantemente en busca de incongruencias en el entrono. Vayamos un paso más allá para darnos cuenta de que los terapeutas en realidad están dando ejemplo a los niños de qué hacer en esos momentos cuando surgen esos sentimientos. A modo de ejemplo, si los terapeutas sonríen cada vez que se asustan, cambian de tema, se desconectan de sus cuerpos o fingen sentirse bien, los niños aprenden a hacer lo mismo.

Le aseguro que está bien ser uno mismo en la sala de terapia de juego. De hecho, es necesario si usted va a ayudar a un niño a regularse a través de juego intenso porque, cuando no estamos dispuestos a ser auténticos, el niño suele subir la intensidad para llevarnos a tener una respuesta auténtica. Nunca he visto a un niño dañado porque el terapeuta fuera "real". Sin embargo, he visto niños que nunca tuvieron una conexión sólida con sus terapeutas y no llegaron a profundizar tanto como podrían haber hecho porque sus terapeutas estaban demasiado asustados por compartir y expresar su experiencia auténtica a modo de respuesta congruente al juego iniciado por ellos. También he visto a niños que no han sido capaces de integrar los estados desregulados de sus sistemas nerviosos durante el juego agresivo debido a que sus terapeutas aplacaron el juego en lugar de ayudarlos a aprender cómo integrar la intensidad.

LOS "DEBERÍA" SE INTERPONEN EN EL CAMINO

En los próximos capítulos, voy a compartir algunas cosas prácticas que hacer en la sala de terapia de juego cuando se intensifica el juego agresivo o la muerte en una dirección hiper o hipoexcitada. Pero, antes de hacerlo, es importante que dediquemos un momento a analizar todos los "debería" y "no debería" que nos impiden ser verdaderamente auténticos en la sala de terapia de juego. Soy consciente de que ser completamente auténticos es una idea radical para muchos terapeutas, pero le puedo asegurar de primera mano que es altamente eficaz y necesario.

> **Reflexión**
>
> Anote todos los "debería" y "no debería" que le vengan a la mente cuando piensa en ser auténtico con un niño. Los ejemplos más comunes que escucho son: "No debería decirle a un niño que estoy enojado", "No debería decirle a un niño lo que siento, porque es posible que quiera cuidar de mí" y "No debería ser completamente auténtico, ya que podría ser demasiado para el niño". Después de escribir su lista, piense en dónde aprendió estos mensajes.

COMPARTIR NUESTRAS REACCIONES AUTÉNTICAS

En el contexto de la Synergetic Play Therapy (Terapia de juego sinergética), *autenticidad* se refiere a estar en sintonía con el niño y con nosotros mismos, para que podamos tener una reacción auténtica en respuesta al juego iniciado por el niño. Esto no quiere decir que tengamos que compartir nuestra vida personal o decirle al niño que, cuando la esposó y la metió en la cárcel, le recordó a cuando la castigaban sus padres cuando tenía la misma edad que él. La autenticidad en la sala de terapia de juego significa ser genuino y congruente sobre nuestros estados internos en lo que respecta al juego que los niños inicien y las historias que compartan.

En esencia, los niños están buscando dos cosas en el juego intenso:

- ¿Puede el terapeuta sostener la intensidad y contribuir a la regulación en este tipo de situaciones?
- ¿Está actuando o siendo real?

Si estoy teniendo una lucha de espadas encarnizada con un niño y me la paso riendo o con una gran sonrisa en la cara, probablemente no estoy siendo auténtica. Si estoy viendo el juego agresivo y estoy asustada, pero no estoy dispuesta a decirlo en voz alta y finjo que estoy bien, tampoco estoy siendo auténtica. Si parezco ansiosa o retraída, o muestro otros signos de estar desregulada, pero las palabras que estoy diciendo no son congruentes con mi apariencia, el niño va a procesar mi incongruencia. En todos estos casos, estoy perdiendo la oportunidad de dar ejemplo de la forma de regular mi sistema nervioso en medio de un desafío. También le estoy dando al niño una razón para aumentar la intensidad de juego para tratar de conseguir que yo me muestre con autenticidad, porque lo más probable es que esté registrando mi falta de autenticidad como una amenaza.

Voy a reiterar este punto: su cuerpo no está mintiendo. No le está ocultando nada al niño. Tenemos que dejar de fingir que un niño no siente lo que nos está pasando. Me atrevo a decir que es justo cuando no estamos dispuestos a ser honestos acerca de nuestra experiencia cuando corremos el riesgo de hacer daño. Una reacción real proporciona la oportunidad de trabajar en la experiencia. Fingir y negar las experiencias no lo hace.

Es bien sabido que la mayoría de nuestra comunicación es no verbal (Mehrabian, 1972). Esto significa que tenemos que ser conscientes de nuestras acciones tanto como de nuestras palabras, si no más. Esto es aún más importante con los niños, ya que prestan mucha más atención a lo que estamos haciendo que a lo que estamos diciendo. No escuchan nuestras palabras en la misma medida que nos están leyendo y tanteando mediante la observación de nuestro lenguaje corporal y nuestras expresiones faciales. Nos están analizando, procesando los datos y determinando si están a salvo con nosotros o somos una amenaza. Si algo acerca de nosotros no tiene sentido para ellos, su cerebro nos considerará una posible amenaza. Como mínimo, pasarán tiempo tratando de entendernos, en vez de permitirse entrar de lleno en el juego.

ES REAL PARA EL NIÑO, POR LO QUE DEBE SENTIRSE REAL PARA USTED

A veces, los terapeutas tienen dificultades para acceder a la profundidad de sus sentimientos o sensaciones porque están siendo atacados por un tubo de espuma de piscina o un títere, no una espada real o algo literalmente peligroso. ¿Sabía que el cerebro no distingue entre algo que le está sucediendo realmente y algo que está imaginando? Con esto en mente, recuerde que los niños están tratando de prepararlo para sentir su percepción de sí mismos y de su mundo, lo que significa que todo lo que está sucediendo se siente real para ellos. Por ello, debe sentirse real para usted también con el fin de acceder a la respuesta auténtica que están buscando.

Este es un punto muy importante de entender. Yo les digo a mis estudiantes que imaginen, solo por un momento, que todo lo que les está pasando o lo que estamos viendo es real. Les pido que respondan como si estuviera sucediendo realmente. En el momento en que lo hacen, sale a la luz una respuesta auténtica que es congruente con la energía en la sala. El riesgo de no hacer esto es que los niños continuarán subiendo la intensidad hasta que, finalmente, usted tenga una respuesta auténtica que refleje los sentimientos en su mundo interior, o se den por vencidos.

Vamos a explorar esto un poco más a fondo. Tal vez se pregunte, "¿Pero no estoy siendo auténtico si realmente no me asusta un tubo de espuma de piscina o un títere? ¿No estoy siendo falso si sé que es un títere y que no va a hacerme daño realmente?". Y la respuesta es sí y no. Lo que encuentro con situaciones como esta es que los terapeutas se centran ya sea en el juguete no amenazante en sí, en vez de sentir la energía que surge debido a la forma en que el niño está usando el juguete, o que están encerrados en sus cabezas y no se permiten sentir. El truco es tener ambas experiencias para no verse inundado por las emociones o absorbido por la experiencia, pero ser capaz de estar presente en la intensidad. No olvide que usted tiene que estar en la experiencia, sintiendo las sensaciones y emociones que surgen (desregulación), mientras que al mismo tiempo es consciente de que no está realmente en peligro (activación ventral). Use la atención plena (*mindfulness*) y la regulación como ayudas. Si cree que realmente está en peligro o que está a punto de abandonar su ventana de tolerancia, es momento de establecer un límite.

Este mismo concepto es válido para los juegos de rol. Los juegos de rol son una forma de actuar. Cuando nos están regañando y nos ponen en el calabozo en el juego, a menos que nos permitamos imaginar que el juego es real y respondamos en consecuencia, estaremos fingiendo nuestras respuestas. El niño sabrá que no estamos siendo auténticos. Cuanto más podamos permitir que nuestras mentes acepten lo que se sentiría si la preparación de juego estuviera pasando de verdad, más auténticas serán nuestras respuestas y también más congruentes en los ojos del niño con el que estamos jugando.

CAMBIAR LAS RUTAS NEURALES

En Synergetic Play Therapy (Terapia de juego sinergética), los terapeutas tratan de ser lo más auténticos y congruentes posible durante la sesión de juego. Al hacerlo, transmitimos la confianza y la seguridad que nuestros clientes necesitan para la sanación a partir de la intensidad de sus experiencias traumáticas. La autenticidad del terapeuta ayuda a maximizar la sintonía, lo que le permite servir como regulador externo para el estado desregulado del cliente (Schore, 1994). En otras palabras, cuando estamos siendo auténticos, podemos desempeñar un papel crítico en enseñar a los niños a regular sus sistemas nerviosos y cambiar su actividad cerebral (Dion y Gray, 2014). Como ya explicaran Badenoch (2008) y Siegel (1999), cuando se activa el sistema de neuronas espejo del niño, la atención plena del terapeuta y su expresión auténtica pueden desencadenar nueva actividad cerebral que puede asociarse con los sentimientos de las redes neurales de los recuerdos.

Cuando los niños nos ven en repetidas ocasiones siendo auténticos y estando presentes en medio de la activación de los estados desregulados del sistema nervioso, su antigua programación puede interrumpirse, con lo que se crea una oportunidad para una nueva experiencia y les damos permiso para avanzar hacia los estados internos desafiantes del mismo modo en que nos ven hacerlo. A medida que los niños avanzan hacia sus estados internos desafiantes, pueden crearse nuevas conexiones neurales y, finalmente, iniciar una nueva organización neural (Edelman, 1987; Tyson, 2002; Dion y Gray, 2014). Ahora sabemos que, con cantidades suficientes de repetición, los sistemas neurales pueden cambiar; sin embargo, también sabemos que la mayoría de las intervenciones terapéuticas no alcanzan ese objetivo (Perry, 2006).

Cuando Jack dio vida a los sentimientos de ansiedad y miedo en la sala de terapia de juego, fue testigo en repetidas ocasiones de cómo yo me ponía la mano en el pecho y en el vientre como estrategia de autocuidado y, al mismo tiempo, tomaba una respiración profunda. En solo unas pocas sesiones, fue capaz de avanzar hacia la intensidad y, finalmente, probar las conductas de autorregulación modeladas para él. Para que esto sucediera, requirió de un compromiso por mi parte de ser auténtica. Me mantuve todo lo auténtica que pude en medio de sus burlas, intentos por suprimir mis sentimientos y todo lo que intentó para asustarme. Entendía que todo lo que estaba sucediendo era parte de la preparación de juego, y que mi trabajo era ayudar a que se sintiera "sentido", a ayudarlo a integrar la intensidad y a darle opciones para la autorregulación sirviendo de ejemplo. El resultado fue que Jack fue capaz de crear nuevas conexiones neurales que dieron lugar a una nueva organización nerviosa. Es emocionante que, cuando trabajamos con niños de esta manera, cada sesión tiene el potencial de ayudarlos a integrar la nueva información y rediseñar experiencias pasadas codificadas (Schore, 1994; Siegel, 1999; Badenoch, 2008).

PUNTOS CLAVE DEL CAPÍTULO 8

- Cuando los niños perciben que su terapeuta está siendo incongruente, a menudo suben la intensidad de juego hasta que el terapeuta tenga una respuesta auténtica y congruente. La autenticidad ayuda a crear seguridad.

- Tener una respuesta genuina y auténtica al juego y las historias iniciados por el niño no es participar en un juego de rol.

- Cuando los terapeutas no están dispuestos a ser auténticos en la sala de terapia de juego, el cerebro del niño registra su incongruencia como una posible amenaza.

- El juego se siente real para los niños, por lo que necesita sentirse real para usted con el fin de tener la respuesta auténtica y congruente que están buscando.

- A medida que los niños ven a un terapeuta modelar auténticamente la regulación, aprenden que es seguro avanzar hacia los sentimientos, sensaciones y pensamientos incómodos en su interior. Al hacerlo, empiezan a cambiar las rutas neurales en el cerebro hacia una mayor capacidad de regulación, lo que permite la integración.

9

El establecimiento
de límites

Sarah, de 6 años, se acercó a la estantería de juguetes y rápidamente descubrió las esposas. Las agarró y examinó de cerca la cerradura, como si tratara de descubrir si desempeñarían el papel necesario. Cuando se dio la vuelta y miró directamente a su terapeuta, los ojos de este se abrieron y su respiración cambió. Estaba visiblemente ansioso. Ella corrió hacia él, lo agarró del brazo y trató de forzarlo llevándolo hacia atrás, pero él tiró de su brazo y lo apartó de ella.

"No podemos hacer eso aquí", dijo. "No está bien que me pongas unas esposas".

Sarah estaba atónita. Su lenguaje corporal y expresión facial lo decían todo. Pensó que había hecho algo muy malo.

Vi este intercambio durante la observación de una sesión de terapia de juego. Estoy compartiendo esta historia para arrojar luz sobre nuevas posibilidades. Hemos establecido todos los límites por miedo o frustración y luego nos hemos preguntado si el límite era realmente necesario o lamentado la forma de abordarlo. El establecimiento de límites es un tema muy importante en la terapia de juego. Hay muchas creencias e ideas sobre cómo hacerlo, cuándo hacerlo, e incluso por qué un terapeuta necesita hacerlo, por lo que, con el fin de aportar claridad sobre este tema, tenemos que detenernos y hacernos esta importante pregunta: ¿Para qué sirve el límite?

Le he hecho a mis estudiantes esta pregunta cientos de veces e, inevitablemente, sus respuestas son algo así como: "No sé. ¿No se supone que es algo que debo hacer?" o "La niña no puede actuar así en la sesión. Tengo que enseñarle formas apropiadas de comportarse" o "No debería tratarme así o tratar así a mis juguetes".

Antes de explorar una nueva forma de entender y trabajar con límites, responda la siguiente pregunta.

Reflexión

Tome un momento para pensar en por qué establece límites en la sala de terapia de juego. (Podría ayudar pensar en un niño con el que haya establecido un límite y responder a la pregunta con ese niño en mente). Ahora dedique otro momento a escribir sus respuestas.

No hay respuestas correctas ni incorrectas. Lo que ha escrito es información acerca de sus creencias y de su ventana de tolerancia. Al leer este capítulo, le animo a reflexionar sobre sus respuestas. Cuando termine el capítulo, lea sus respuestas por escrito y vea si desea cambiar alguna o añadir alguna otra.

¡LOS LÍMITES SON PERSONALES!

Lo que estoy a punto de introducir puede contradecir otras ideas que haya escuchado sobre el establecimiento de límites. Si al leerlo se encuentra negando con la cabeza, frunciendo el ceño, o apretando los labios, ¡excelente! Como terapeutas de juego, es importante que cuestionemos nuestra forma de pensar y estemos abiertos a cambiar nuestros paradigmas con respecto a lo que "debería" o "no debería" suceder en una sesión de terapia de juego.

Reflexión

Mire las respuestas que acaba de escribir. ¿En qué medida están basadas en un "debería" o en una creencia acerca de lo que es un comportamiento adecuado?

Los terapeutas pueden tener que lidiar con un conflicto interno en el momento en que creen que un límite podría ser necesario. Si un límite se establece porque pensamos que "supuestamente deberíamos" ponerlo, es posible que no estemos seguros de nuestra decisión y podríamos cuestionarla más adelante. Recuerde que los "debería" se sienten como una amenaza y se interponen en el camino de la autenticidad.

A veces los terapeutas establecen límites porque realmente creen que el límite es necesario para enseñar a un niño sobre el comportamiento apropiado, pero luego se sienten un poco desconectados del niño o se preguntan por qué el niño subió la intensidad o se retrajo, como en la historia al principio de este capítulo.

Estoy compartiendo estos ejemplos no para juzgar lo que es bueno o malo, sino porque tienen información que nos puede ayudar. Cuando entendemos claramente por qué estamos estableciendo el límite, podemos hacerlo de una manera que no provoque pesadumbre ni en el niño ni en nosotros.

LOS LÍMITES SON IMPORTANTES

Al establecer un límite, es importante que le permita seguir siendo usted mismo, y lo mismo ocurre con el niño. Podemos lograrlo si cambiamos nuestra justificación de por qué estamos estableciendo el límite en primer lugar.

¿Está listo para el nuevo paradigma? Respire hondo, mueva el cuerpo a medida que lee esto y regúlese para poder asimilarlo.

Los niños no necesitan límites en la sala de terapia de juego, los terapeutas sí.

Recordemos el propósito de la agresividad en la sala de terapia de juego.

Una sesión de terapia de juego es aquella en la que los niños tienen la oportunidad de aprender cómo regular sus sistemas nerviosos e integrar todas las sensaciones corporales, recuerdos y emociones desafiantes que surgen en su intento de jugar y entender su percepción de sí mismos y de sus vidas, incluida la agresividad.

Es importante que no suprimamos la necesidad de los niños de expresar lo que están tratando de expresar.

Nuestro trabajo es ayudar a los niños a encontrar una manera de mantener la energía en movimiento. Esto no quiere decir que los terapeutas seamos sacos de boxeo o que debamos permitir cualquier cosa en la sala de terapia. La diferencia en el paradigma es que el límite es para el terapeuta. En cuanto pensemos que, si el niño continúa haciendo lo que está haciendo, vamos a tener dificultades para permanecer presentes o vamos a desregularnos hasta el punto de vernos inundados, ¡es el momento de establecer un límite!

Los límites son necesarios para mantenernos en nuestra ventana de tolerancia, lo que nos permite estar presentes y sintonizados. Nuestra ventana de tolerancia es el contenedor que almacena la energía que emerge de juego agresivo. Muchos estudiantes me han preguntado, "¿Cuándo debería establecer el límite?". Y mi respuesta es: "No tengo ni idea. ¿Cómo puedo saber yo cuándo lo necesita usted o el tamaño de su ventana de tolerancia en un momento en particular?". Solo usted sabe cuándo es necesario establecer un límite.

ESTABLECER LÍMITES ES UNA EXPERIENCIA FLEXIBLE

Hay días en que mi ventana de tolerancia es muy grande, y también lo es mi capacidad de permanecer presente en la intensidad. Hay otros días en los que no me siento bien o algo que ha ocurrido en mi vida personal influye en mi energía y nivel de presencia. Permanecer presente sin duda es más fácil unos días que otros, y creo que tenemos que ser honestos con nosotros mismos acerca de eso.

Nuestra historia personal también podría ser un factor que influya en cuándo tenemos que establecer un límite. Si a un terapeuta le pegaban de niño o fue testigo de violencia y las emociones de esas experiencias no están plenamente integradas, podría resultarle más difícil permanecer presente si el niño quiere que presencie violentos combates con los juguetes o que participe en el juego. El momento para que un terapeuta establezca un límite es el momento en que tenga la sensación de que el juego se ha vuelto demasiado para su sistema nervioso.

También tenemos limitaciones físicas que pueden influir en los límites que debemos establecer. Durante una sesión de terapia de juego que tuve con un niño pequeño mientras estaba embarazada, quería esposarme a la puerta para que tuviera que luchar con la espada con una sola mano y no pudiera moverme. Sabía que no podría proteger a mi bebé si embestía contra mi vientre y no me podría concentrar en la lucha de espadas sabiendo que mi bebé no estaba segura, así que fue un momento para mí de establecer un límite.

Hay muchas razones por las cuales un límite podría ser necesario, y la mayoría están relacionadas con ayudar al terapeuta a permanecer presente.

CÓMO ESTABLECER LÍMITES

Con base en este nuevo paradigma, establecemos límites para ayudarnos a crear una neurocepción de la seguridad, lo que nos permite activar nuestro estado ventral, estar presentes y actuar como reguladores externos. Establecemos límites en el momento en que no podemos permanecer en nuestra propia ventana de tolerancia por cualquier razón. Y bien, ¿cómo lo hacemos? ¿En qué consiste establecer un límite?

En primer lugar, queremos tener en cuenta que no estamos tratando de detener la energía (esto es lo que nuestra respuesta de miedo quiere que hagamos). Estamos tratando de reorientarla de una manera que nos permita estar presentes y continuar permitiendo que el niño explore las emociones y sensaciones que van surgiendo. Queremos mantenerlos partícipes en el juego sin hacer que sus cerebros nos perciban como una amenaza.

Analicemos algunos escenarios y discutámoslos desde la perspectiva del niño.

Escenario 1

En la historia de Sarah y su terapeuta al principio de este capítulo, cuando el terapeuta detuvo el juego y le dijo que no podía esposarlo, Sarah paró y sintió confusión. ¿Por qué?

Seguramente el cerebro de Sarah experimentara dos cosas: la incongruencia en el entorno y un "debería", o en este caso un "no debería". Su cerebro podría haber pensado: "Si hay esposas aquí, ¿por qué no puedo ponérselas? ¿No son para eso? Si no, ¿por qué están aquí?".

Escenario 2

Usted está implicado en momento intenso de juego con Benjamín, un niño de 4 años, y él está gritando, apuñalándolo, y atacándolo desde todas las direcciones. De repente, sabe que hasta ahí ha llegado su límite. "Bien, ¿sabes qué? Eso es demasiado ", le dice a Benjamín. "No podemos jugar así aquí".

Es muy probable que el cerebro de Benjamín registre esto como una amenaza debido a la confusión y a la naturaleza abrupta del establecimiento de límites. Lo hemos interrumpido en medio de su expresión y le hemos dado el mensaje de que su expresión no está bien. Es probable que experimente un conflicto interno entre lo que su sistema nervioso necesita hacer y lo que le están diciendo que no puede hacer. Con toda probabilidad, este es el mismo mensaje que recibe fuera de la sala de terapia de juego cuando se activa un estado de hiperexcitación y prepara a los demás para sentirse abrumados.

Escenario 3

Está enfrascado en una lucha de espadas con Daniella, una niña de 9 años, y ella lo agarra por sorpresa y lo golpea muy duro. Ha conseguido sacarlo de sus casillas, por lo que le dice con tono serio: "Tenemos una norma de que no se puede hacer daño a los terapeutas. No me puedes hacer daño".

El cerebro de Daniella seguramente registre esto como una amenaza porque está recibiendo un mensaje de "no debería". Daniella también podría estar confundida por la incongruencia del terapeuta de participar en una lucha de espadas, pero luego decir que no se puede hacer daño a los terapeutas. No es tan raro hacerse daño en luchas de espadas.

Otra consideración es que, cuando los terapeutas establecen reglas como "No puedes hacerme daño" en el contexto del trabajo con los traumas, sin darse cuenta le están diciendo al niño que, en ese momento, él es el infractor. El terapeuta acaba de convertir al niño en el malo de la película y ha transformado la agresividad en una experiencia personal, en lugar de recordar que todo esto forma parte de la preparación y encontrar otra manera de definir el límite.

Al establecer límites con base en un "debería" o un "no debería" o bien por miedo, tenga en cuenta que el niño probablemente haya experimentado alguna versión de esto en la vida y es posible que siga experimentándola. Los niños tratan de expresar su estado de hiperexcitación y lo más probable es que reciban respuestas como, "Basta ya. Ya está bien. Relájate. Te has pasado". Considere la posibilidad de que, cuando detenemos bruscamente el juego y decimos que no, lo que estamos haciendo es reforzar que no está bien expresar ciertos sentimientos y, con ello, reforzar también el cableado del cerebro que sustenta esa retórica.

No es raro que los niños suban la intensidad cuando se sienten avergonzados, controlados o amenazados por un límite. He sido testigo de innumerables interacciones donde, tan pronto como el terapeuta establece un límite, los niños hacen todo lo posible por recuperar un sentido de control sobre el terapeuta. En pocas palabras, los niños van a preparar al terapeuta para que sienta lo que supone que alguien les marque un límite, justo como les ocurrió a ellos.

MANTENER EL FLUJO DE ENERGÍA: RECONOCER Y REDIRIGIR

Para establecer límites, es importante tener en cuenta lo siguiente:

- Tome una respiración profunda para estabilizarse.
- Asegúrese de estar presente para que el niño pueda sentir su energía.

- Cuando hable, use un tono serio, pero no amenazante.
- Haga contacto visual cuando sea posible, pero no lo fuerce.
- Reconozca lo que está sucediendo antes de redirigir.
- ¡Deje al margen sus sentimientos!

Ahora vamos a explorar algunos ejemplos de cómo establecer límites sin decir no ni detener el juego, a la vez que se mantiene la energía en movimiento y la conexión con el niño.

Redireccionamiento con acciones

Ayude a los niños a entender dónde pueden dirigir su energía sin salir de su ventana de tolerancia. En cierto sentido, le está diciendo lo que puede hacer en lugar de lo que no puede hacer.

Ejemplo 1: *Indique mediante gestos dónde desea redirigir la energía*

Está teniendo una lucha de espadas frenética con Sebastián, un niño de 6 años, que le está embistiendo en la cabeza, y usted está empezando a sentirse abrumado. Simplemente es demasiado, y no cree que pueda permanecer presente mucho más tiempo si sigue golpeándole en la cabeza. Sin dejar de luchar, lo mira a los ojos, cambia su voz y le dice: "Sebas, golpéame de aquí para abajo", mientras le indica con un gesto que puede golpearle de hombros para abajo.

Ejemplo 2: *Hacer una labor de contención para mantener la energía*

Durante 20 minutos, Bella, de 8 años, reproduce varias escenas en la bandeja de arena extremadamente violentas de una u otra manera. De niño, usted fue testigo de violencia por lo que comienza a notar mucha ansiedad interna y está empezando a aproximarse al extremo de su ventana de tolerancia. Entonces, Bella comienza a tratar de volcar toda la arena de la bandeja sobre el suelo. Dado que ya está cerca de su límite, siente una fuerte necesidad de controlar y detener la invasión que está produciendo en su cuerpo, lo que le indica que es el momento de establecer un límite. Hace contacto visual con ella y, cambiando la voz para que sea diferente de la voz que ha estado usando, le dice, "Bella, es muy importante lo que estás haciendo. La arena tiene que salir". Usted agarra una cortina de ducha y la pone rápidamente en el suelo y luego invita a Bella a continuar vertiendo la arena sobre la cortina de ducha. Una vez más es capaz de estar presente y ayudar a facilitar su proceso. (Si no hubiese cambiado su juego con la arena orgánicamente y la violencia hubiera continuado, el terapeuta podría haberle dicho, "Muéstrame de otra manera", tal como se describe a continuación).

Redireccionamiento con palabras

A veces, menos es más. Estas son dos frases comodín increíblemente útiles para la sala de terapia de juego. Yo las llamo las "afirmaciones de oro" en el establecimiento de límites. En ambos casos, es importante decirlas como afirmaciones y no en forma de pregunta.

Ejemplo 1: *"Muéstrame de otra manera".*

Teo, de 3 años, agarra un montón de arena y se lanza hacia usted, tratando de ponerle la arena en la boca y los ojos.

Usted lo mira a los ojos y, cambiando la voz, le dice: "Muéstrame otra manera".

Teo dice: "No, en la boca".

Usted lo mira a los ojos de nuevo, se asegura de estar presente, y le dice, "Teo, esto es muy importante para ti. Necesitas que la arena vaya en la cara y en la boca. Muéstrame con otra cara y otra boca que no sea la mía". (Había que ser más específico, porque solo tiene 3 años y está en medio de la representación de un recuerdo traumático).

Él va a la estantería y agarra una muñeca, la pone en el suelo y procede a verter la arena en los ojos y la boca.

Ejemplo 2: *"No hace falta que me duela para entenderlo".*

Después de que Julia, de 6 años, de forma inesperada le lanza rotuladores y uno le da en el cuerpo por segunda vez tras haber intentado dos veces reconocer lo que está haciendo y redirigir su juego, usted toma una respiración profunda, la mira, y le dice: "Julia, no hace falta que me duela para entenderlo", seguido de "Muéstrame otra manera". Ella lo mira y una vez más alarga el brazo para agarrar los rotuladores.

Usted hace contacto visual con ella, se estabiliza y, usando un tono de voz serio, pero no amenazante, le repite: "No hace falta que me duela para entenderlo". Toma otra respiración profunda y esta vez ella deja el rotulador en el suelo.

Los niños realmente necesitan saber que usted los entiende y que no está tratando de controlar o detener el juego. Lo más importante es que necesitan sentirlo y sentir su respeto. El establecimiento de límites de esta forma en medio de juego les enseña a escuchar, y a desarrollar empatía y respeto por las necesidades del prójimo. El mensaje que el terapeuta está transmitiendo es "Vamos a encontrarnos a medio camino y voy a cuidar de mí mismo", en lugar de "Tienes que parar porque me siento incómodo". Qué valiosa lección sobre una relación le ha transmitido al niño con su ejemplo.

En todos estos ejemplos, los niños se sintieron comprendidos. También se sintieron respetados, lo cual es muy importante. La mayoría de los niños hará el cambio que le pedimos y encontrará otra forma de mostrarnos cuando el límite se establece de esta manera, porque la verdad es que desean jugar con usted y que usted los entienda. Cuando usted es capaz de mantenerse regulado y en sintonía con el niño al establecer el límite, hace posible que su sistema nervioso continúe haciendo lo que tiene que hacer. Algunos niños no redireccionarán el juego de inmediato, y puede que tenga que repetírselo un par de veces, pero no pasa nada. Asegúrese de que está incluyendo los consejos que he mencionado anteriormente y simplemente siga reconociendo y redireccionando al niño.

¿ESTOY ALENTANDO LA AGRESIVIDAD?

El temor de alentar la agresividad es el miedo más común cuando enseño esta nueva perspectiva. Los terapeutas temen que, si no establecen un límite cuando piensan que "deberían", el niño se volverá más agresivo en casa o en la escuela. Los terapeutas tienen miedo de fomentar, de alguna manera, el comportamiento agresivo. Sin embargo, lo que he observado es que, cuando los terapeutas utilizan auténticamente la atención plena (*mindfulness*), el movimiento, la respiración y le ponen nombre en voz alta a su experiencia para regular la intensidad de la sala, además de hacer observaciones en alto sobre el juego del niño, permiten a los niños explorar sus estados desregulados altamente activados y comenzar a desarrollar un sentido de consciencia con respecto a sus impulsos, sensaciones, intensidad y emociones. A medida que los niños avanzan hacia su intensidad de una manera más consciente, la intensidad de hecho comienza a disiparse mientras que a su vez se vuelven más presentes y conectados con ellos mismos. Es raro que el niño se vuelva más agresivo en casa o en la escuela, pero, cuando esto sucede, por lo general hay algo más en su entorno que el niño sigue percibiendo como una gran amenaza o desafío.

Por otro lado, cuando los terapeutas actúan o participan en un juego de roles, no ponen nombre a su experiencia auténtica mientras regulan la intensidad, o se limitan a realizar observaciones, los niños normalmente suben la intensidad de su juego hasta que consiguen una respuesta auténtica. Aunque hay una descarga y catarsis, no tiene por qué implicar la integración de la energía ni que el niño esté desarrollando un fuerte sentido de consciencia de sus sensaciones y emociones. Esto es lo que conduce a la posibilidad de comportamientos indeseados fuera de las sesiones de terapia. No subestime el poder de su presencia auténtica y su papel como regulador externo del niño.

INQUIETUDES DE SEGURIDAD

¿Está listo para otra hora de la verdad? Independientemente de si elige establecer límites de la forma que estoy sugiriendo o de otro modo, como decirle al niño que no puede hacer lo que sea que está haciendo, a veces los niños han sobrepasado el punto que les permite redireccionar el juego y su agresividad va a terminar alcanzando un nivel donde usted o ellos podrían hacerse daño. Si las cosas se intensifican hasta el punto en que hay inquietudes de seguridad, existe una alta probabilidad de que usted tenga que establecer un límite firme y, posiblemente, incluso usar la palabra *no*. Mi experiencia es que estos momentos son poco frecuentes, pero ocurren.

¿Alguna vez ha estado ante una persona que estuviera teniendo convulsiones? Si es así, usted sabe que, cuando alguien está teniendo un ataque epiléptico, no ha de tocarlo salvo para ponerle algo debajo de la cabeza o para sujetarle la cabeza por su seguridad. Debe permitir que la energía de la convulsión fluya. Su trabajo es quitarse del medio y mantener a la persona segura en su entorno.

Cuando un niño ha llegado a este nivel de agresividad, es un proceso similar. Su principal trabajo es mantener su seguridad y la del niño, y necesitará ser creativo y confiar en su intuición para navegar este tipo de experiencia guiado por sus sensaciones. No hay una guía para estos momentos. Sin embargo, probablemente no sea el momento adecuado para tratar de implicar al niño en un proceso racional. A menudo es mejor en estos momentos dejar de hablar y, en su lugar, respirar, estabilizarse y estar presente, para que el niño pueda sentirlo. Y ahora le voy a decir la verdad sin tapujos acerca de estos momentos: uno lo hace lo mejor que puede, sabiendo que va a ser emocionalmente complicado y que probablemente va a necesitar una reparación posterior.

LA REPARACIÓN

En ocasiones, hacer lo que se pueda para regular la intensidad en el juego no será suficiente. Es inevitable que, incluso después de practicar lo aprendido en este libro, haya alguna sesión tan intensa y abrumadora que se olvide de establecer un límite, supere su ventana de tolerancia y entre en un estado altamente desregulado. Recuerde que usted es humano. En otras palabras, se inundará emocionalmente. En esos momentos, seguramente establezca un límite por miedo, que la mente del niño procesará como abrupto, controlador y, posiblemente, incluso vergonzante. Cuando esto suceda, sepa que no es usted el primero ni el último al que le ha pasado. Aún no he conocido a ningún terapeuta de juego al que no le haya sucedido esto. La parte hermosa de esto es que, cuando tenemos un momento muy humano, podemos hacer la reparación. Me encantan las reparaciones porque el modelado del ejemplo que se produce para un niño es muy profundo y no tiene precio.

Reflexión

Tómese un momento e imagine o recuerde el establecimiento de un límite por miedo y haber estado enojado y sido firme con un niño. ¿Que estaba pasando? ¿Qué cambiaría la próxima vez si la misma situación llegara a suceder de nuevo?

En cuanto se dé cuenta de que fijó su límite por miedo y no manejó la situación como quería, tiene la oportunidad de hacer el trabajo de reparación de inmediato en la misma sesión o bien en la siguiente sesión. Por ejemplo, al comienzo de su siguiente sesión con el niño, imagínese diciendo algo como... "Jorge, ¿recuerdas la última vez cuando estábamos jugando y me enojé de repente y te dije que hicieras una pausa y que no estaba bien jugar así? Me di cuenta de que mi cerebro se asustó mucho y por eso dije eso. También me di cuenta de que no hice suficientes cosas para cuidar de mí mismo, como respirar, moverme y explicarte cómo me sentía, así que, cuando me asusté, me asusté rápido. Lo que realmente quería decir, pero no podía encontrar las palabras, era 'Muéstrame de otra manera'. Así que si decides hoy que te gustaría jugar así de nuevo y yo tengo que cuidar de mí mismo, esta vez solo te pediré que me lo muestres de otra manera para que podamos seguir jugando. Jugar contigo es muy importante para mí".

¿Qué le enseña esto al niño?

- Que está bien ser humano.
- Cuando hacemos algo que sabemos que afecta a otra persona, asumimos la responsabilidad.
- Es importante volver a intentarlo.

A medida que su ventana de tolerancia se expanda, es probable que se sienta cómodo estableciendo menos límites, y los tipos de límites que necesitará suelen cambiar. La mayoría de las veces, cuando los niños se vuelven agresivos, siguen pudiendo ser redirigidos sin la palabra *no*, sin que nadie les diga que lo que están haciendo no está bien y sin que nadie aplaque su juego. Es importante que trabajemos para establecer límites de manera que no avergüence al niño y que permita que el proceso siga avanzando.

PUNTOS CLAVE DEL CAPÍTULO 9

- Los límites se utilizan para ayudar a los terapeutas a permanecer dentro de su ventana de tolerancia para que puedan seguir manteniendo y regulando la intensidad, lo que apoya la integración del niño.
- Al establecer límites, es importante mantener la energía en movimiento sin aplacar el juego. También es importante reconocer y redirigir en lugar de utilizar la palabra *no* siempre que sea posible.
- "Muéstrame de otra manera" y "No hace falta que me duela para entenderlo" son afirmaciones de oro en el establecimiento de límites.
- Cuando hay problemas de seguridad física, es importante establecer un límite.
- Cuando al establecer límites algo no sale bien, tener un momento reparador con el niño es profundamente terapéutico.

10

Es demasiado intenso: trabajar con la inundación emocional

Max, de 10 años, estaba jugando a hacer como si le disparara a Molly. La tenía acorralada. Ella interrumpió el juego y le dijo que no estaba bien que le apuntara con la pistola. Él no la escuchó y comenzó a dispararle. Ella le dijo de nuevo que no estaba bien, y él subió la intensidad. Empezó a gritarle y no paraba de hacer como si le disparara. Abrumada y sin saber qué hacer, Molly trató de arrancarle la pistola de las manos a Max para hacer que se detuviera. Él le mordió la mano. Ella entonces le dijo que no estaba bien que la mordiera. Él la mordió de nuevo y luego trató de darle una patada. Todo esto sucedía mientras todavía estaba tratando de hacer como si le disparara y en medio de una escalada emocional.

Aunque todos desearíamos que esta fuera solo una escena mala de una película, sabemos que no es así. Era una sesión de terapia de juego, y momentos como este suceden en nuestra profesión con más frecuencia de la que nos gustaría admitir. Me presentaron esta situación particular durante una consulta. La terapeuta estaba tan abochornada y confundida por lo que había sucedido y por cómo lo había manejado ella. "¿Por qué no me escuchó?", me preguntaba sin cesar. La respuesta consta de muchas partes, pero la razón principal fue porque ambos estaban emocionalmente inundados.

COMPRENDER LA INUNDACIÓN EMOCIONAL

Cuanto más aprendo sobre la capacidad del cerebro y del cuerpo para la regulación, más me maravilla. La capacidad del cerebro y de su correspondiente sistema nervioso para hacer exactamente lo que tienen que hacer cuando se enfrentan a desafíos percibidos y a la intensidad es realmente extraordinaria.

Nuestra ventana de tolerancia cambia de un momento a otro. Cuando estamos en nuestra ventana de tolerancia, somos capaces de manejar los pensamientos, sentimientos y sensaciones que experimentamos. Cuando estamos fuera de nuestra ventana de tolerancia, comenzamos a avanzar hacia la experiencia de la inundación emocional. Es como si estuviéramos llenando un vaso de agua. Cuando el vaso está lleno y ya no puede contener más agua, rebosa. En estos momentos, nuestros cerebros han registrado los datos entrantes como excesivos y demasiado rápidos, como sucede en la historia del principio de este libro y en la del principio de este capítulo. Cuando esto sucede, nuestro sistema nervioso responde de dos formas: se produce una activación simpática excesiva y una activación dorsal.

El contenido de este libro le está guiando hacia una mayor capacidad de sentir cuándo está empezando a salir de su ventana de tolerancia y comenzando a acercarse a la inundación emocional, así como la forma de reconocer estos síntomas en sus clientes infantiles. También le está mostrando maneras de mantenerse dentro de su ventana de tolerancia para que pueda apoyar a los niños en el aprendizaje de cómo hacer lo propio.

LA INUNDACIÓN EMOCIONAL ES PARTE
DE LA RELACIÓN

Las inundaciones emocionales forman parte de todos los modelos de terapia de juego debido que también forman parte de la relación.

Nadie es inmune a la experiencia de las inundaciones emocionales, y ninguna teoría o técnica de terapia de juego lo es tampoco. Ocurre tanto en enfoques directivos como no directivos. Hasta ahora no he conocido nunca a un terapeuta de juego que no haya experimentado inundaciones emocionales o estado con un niño que también se inundara emocionalmente en la sala de terapia de juego.

Comprender las inundaciones emocionales y qué hacer cuando están empezando a darse es verdaderamente una de las partes más importantes de aprender cómo se trabaja con la intensidad en la sala de terapia de juego. Durante una inundación emocional, la probabilidad de que el terapeuta y el niño se hagan daño, ya sea física o emocionalmente, aumenta, por lo que es necesario hablar abierta y honestamente sobre el tema.

¿CÓMO PUEDE IDENTIFICARSE UNA
INUNDACIÓN EMOCIONAL?

Nuestros cuerpos responden de dos formas distintas al "exceso" de datos entrantes: la primera es a través de la activación simpática (escalada), y la otra es a través de la activación parasimpática dorsal (desconexión o colapso). Dado que el tema central de este libro es la agresividad, creo que merece la pena poner de relieve y hablar de las inundaciones emocionales en lo que respecta a la activación simpática. Aunque me voy a centrar en las inundaciones del sistema simpático, también es extremadamente importante saber que, cuando un niño empieza a desconectarse y a colapsar desde el punto de vista energético, estas son las señales de inundación emocional con activación dorsal.

¿Alguna vez ha estado con un niño que comenzó a escalar la intensidad rápidamente? A veces me refiero a esto como alcanzar "el punto sin retorno". Este es el momento en que los niños están tan excitados simpáticamente que se salen de sus casillas, y ya no pueden ni escucharlo ni incluso verlo. Su escalada es como un tren con un sistema de frenos defectuoso ganando velocidad, y usted sabe que la única forma en que se van a detener es al chocar contra algo. Por supuesto que usted ha presenciado este tipo de situaciones. Es muy probable que también pueda recordar alguna vez en la que *usted* fue este tren.

Tal vez el niño estaba teniendo un ataque de ira en su sala de terapia de juego, o tratando de subirse a los estantes para tirar todos los juguetes, o corriendo por su oficina tratando de escapar, o de romper o volcar las cosas... O quizá el niño estaba tratando de pegarle, morderle o arrojarle algo. Estos son ejemplos de las inundaciones emocionales con excitación simpática.

En la situación con Max y Molly descrita al principio de este capítulo, Max finalmente llegó a un punto en el que estaba tan emocionalmente inundado que no pudo manejar su experiencia interna. En este punto, comenzó a morder y golpear a Molly. Molly, también abrumada por la experiencia, no estaba regulando para mantenerse conectada consigo misma y bajar la intensidad, así que ella también comenzó a inundarse emocionalmente. Estableció límites de una manera que Max no lograba oír y lo más probable es que se sintiera amenazado por ellos. Al asustarse, respondió con agresividad y un intento de controlar a Max, pero solo logró que su comportamiento se intensificara.

TRABAJAR CON INUNDACIONES EMOCIONALES

He descrito cómo, incluso con la mejor de las intenciones, habrá ocasiones en las que las inundaciones emocionales sean inevitables.

Una vez que un niño se ha inundado emocionalmente, usted solo tiene una tarea entre manos: crear una neurocepción de la seguridad y ayudar al niño a regresar a su ventana de tolerancia. Cuando un cerebro se inunda emocionalmente, las partes del cerebro que pueden pensar racionalmente están temporalmente fuera de servicio, y su capacidad de autogobierno disminuye rápidamente. Lo más probable es que, si trata de implicar al niño en una discusión acerca de lo que está sucediendo dentro de él o de su comportamiento, no consiga más que escalar la situación.

No hay un guion para estos momentos. Estos momentos requieren su presencia, su propia capacidad de regular, su creatividad y su intuición. Estos son los momentos en los que el bebé está gritando y usted como cuidador sintonizado tiene que hacer lo que sea necesario por ayudar al bebé a regresar a un estado regulado. Estos momentos requieren su capacidad de mantener la intensidad y de avanzar hacia ella, en lugar de huir de ella. Requieren, también, un compromiso de permanecer conectado a sí mismo, para que pueda sintonizarse con cada momento y hacer lo que necesite para mecer al bebé.

Morgan, de 8 años, vino a verme por los ataques de agresividad que estaba teniendo en la escuela, a veces golpeando a sus compañeros y sus maestros.

Durante el juego, decidió crear un escenario con un caballo de juguete. Agarró un par de vallas y procedió a alinearlas, tratando de crear un circuito para lo que sería un ejercicio de salto ecuestre. Mientras creaba el circuito, colocó las vallas excesivamente juntas, lo que dejaba muy poco espacio para que el caballo saltara y tocara tierra antes de tener que saltar la siguiente valla. Mientras observaba esto, sentí que mi cuerpo se contraía, sabiendo que era probable que su experiencia de juego no fuera a ir como estaba previsto. Yo sabía que el caballo no iba a caber entre las vallas. Este era un momento importante en su terapia, ya que no tenía un nivel de tolerancia alto a la frustración. Momentos como estos en su vida a menudo eran suficiente para que pegara, se irritara o aparcara abruptamente lo que estuviera haciendo si sentía que no iba a salir bien. En lugar de rescatarla de este momento importante animándola a cambiar el juego, decidí ser la reguladora externa y trabajar con ella en la ampliación de su ventana de tolerancia a la frustración.

Para ello, empecé a modular el aumento de la ansiedad que estaba empezando a ocurrir en el juego usando la respiración. Mediante la atención plena (*mindfulness*), me esforcé por permanecer conectada a mi propio cuerpo en caso de que de repente Morgan se inundara emocionalmente. Estaba activando mi estado ventral conscientemente para que pudiera sostener su desregulación. Una vez que terminó de preparar la escena, tomó un caballo y comenzó a jugar. Trató de hacerlo saltar la primera valla. Como era de esperar, el caballo no cupo, y derribó dos vallas más. Observé su fisiología cuidadosamente y me di cuenta de que su cuerpo se tensaba. Pude ver el principio de su activación simpática. Respiré. Luego, trató de hacer que el caballo saltara la siguiente valla y esta vez su pie quedó atrapado en la valla y el caballo cayó al suelo. Fue la gota que colmó el vaso para ella; anunció, "Ya he terminado", y procedió a ponerse de pie y caminar hacia la puerta. Reconocí la frustración y también que estaba inundada y que se había activado su respuesta simpática de huida. Como ya había comenzado a regularme, fui capaz de permanecer presente con ella en su inundación. Pude contener lo que estaba ocurriendo, lo que es la fuerza integradora que permite que esto se convierta en un momento profundamente terapéutico y, además, brinda una oportunidad para rediseñar los patrones.

Antes de que pudiera detenerla, abrió la puerta y comenzó a dirigirse hacia la sala de espera. Podía ver su nivel de excitación: su cuerpo estaba tenso; su discurso era rápido; sus movimientos tenían una gran intensidad. Yo sabía que mi único trabajo en ese momento era ayudar a crear una neurocepción de la seguridad para que pudiera volver a un estado más regulado.

Estos momentos son algunos de los momentos más difíciles que pueden surgir en la terapia. Pueden ser aterradores, abrumadores... Como mínimo, son incómodos. No suelen salir como estaba previsto y a menudo nos dejan con sentimientos de bochorno, culpa y vergüenza por nuestra respuesta. Pueden desatar el enojo y la culpa hacia la persona que percibimos como causante de la situación. Estos momentos tienden a activar nuestras propias respuestas y patrones de defensa incluso cuando no queremos que lo hagan. No es de extrañar que los terapeutas se esfuercen tanto por evitarlos.

¿SON MALAS LAS INUNDACIONES EMOCIONALES?

Teniendo en cuenta lo incómodas que resultan las inundaciones emocionales, se podría pensar que se trata de algo malo en una sesión de terapia de juego. ¿Y si le dijera que no lo son? ¿Y si le dijera que, cuando suceden (porque lo harán, no importa cuánto se esfuerce en evitarlas), hay una manera para transformarlas en una experiencia profundamente terapéutica? Antes que nada me gustaría decirle que el primer paso para transformar la experiencia de la inundación emocional es no tenerle miedo.

Reflexión

Tome un momento y anote todos los temores que surgen cuando piensa en un niño inundado emocionalmente en una sesión. ¿Tiene miedo de que el niño le haga daño? ¿O de que se haga daño a sí mismo? ¿O de perder el control y no saber cómo establecer un límite? Escriba todos sus miedos. Es probable que los temores que ha anotado estén influidos por sus experiencias pasadas con las inundaciones emocionales. Considere usar el ejercicio sobre la integración de un miedo adaptado del Dr. John Demartini, en el capítulo 5, a medida que trabaja hacia la integración de estas experiencias de su propio pasado.

En la historia de Morgan, yo no tenía miedo de su posible inundación emocional. De hecho, sabía que era probable y opté por utilizar la experiencia como un momento para ayudarla a rediseñar sus patrones. Habría sido fácil sugerirle que separara las vallas para dejar espacio para que el caballo saltara. En su lugar, opté por utilizar el momento de forma terapéutica, confiando en que, si no iba bien, tendríamos que hacer una labor de reparación.

LA RUPTURA Y REPARACIÓN CREA SEGURIDAD

En nuestro campo, estamos tan atrapados en hacer las cosas "bien" con nuestros clientes y en que no estén "incómodos" que a veces cambiamos la oportunidad de crecimiento por la comodidad. ¿Sabía que las investigaciones demuestran que un cuidador en sintonía solo está sintonizado realmente el 30 % del tiempo (Tronick, 2007)? Esto significa que, incluso en el mejor de los casos, la mayor parte del tiempo, ¡las relaciones son en realidad una danza entre momentos desintonizados! Cuando estamos demasiado apegados a la idea de que un terapeuta debe estar en sintonía la mayoría del tiempo y que cosas como las inundaciones emocionales no deberían ocurrir nunca, en realidad perdemos uno de los cimientos más importantes para la creación de la seguridad en la relación terapéutica. Es el hecho de tener una reparación interactiva lo que refuerza la conexión emocional (Bullard, 2015). De hecho, es el baile que se produce entre el terapeuta y el niño a medida que reparan las rupturas y desintonías lo que fortalece su relación y desarrolla la confianza. ¡La ruptura y la reparación son realmente necesarias para crear el apego!

Como ya he mencionado, la inundación emocional es una parte de las relaciones, y ningún modelo de terapia de juego es inmune a ella. Esto significa que, a pesar de que hagamos todo lo posible por sintonizarnos con nuestros clientes para poder regular la intensidad de la sala de terapia de juego, a veces la desintonía se producirá de igual forma. Habrá ocasiones en que no veamos las señales, o estemos distraídos. Nuestros propios patrones de defensa entrarán en la sesión y nos impedirán conectarnos con nosotros mismos y con nuestros clientes. Otras veces, el niño se inundará emocionalmente y lo mismo nos sucederá a nosotros.

La desintonía ofrece la oportunidad de ruptura y reparación, lo que crea la seguridad en la relación.

CUANDO SE INUNDA EMOCIONALMENTE

Hablemos de usted en la sala de terapia de juego. ¿Cuántas veces se ha sentido tan abrumado por lo que el niño estaba haciendo que desconectó, empezó a mirar el reloj o a volverse emocionalmente insensible? ¿Y cuántas otras se ha enojado tanto con un niño que estableció un límite por la frustración y tal vez incluso le regañó de alguna manera? Todas ellas son señales de inundación emocional y también son respuestas normales a la percepción de que algo es "demasiado".

Cuando el terapeuta se inunda emocional y simpáticamente junto con el niño, es común que intervenga enérgicamente para aplacar el juego por la necesidad de autoprotección. Esto puede hacer que tanto el terapeuta como el niño tengan una sensación de bochorno y culpa. Cuando los terapeutas sufren inundaciones en la activación dorsal, comenzarán a desconectarse, insensibilizarse y apagarse, lo que resulta en una experiencia de desintonía que potencialmente deja al niño con una sensación de incomprensión o abandono.

Consejos para contribuir a que terapeuta evite inundarse:

- Escape de la estrechez de miras, haciendo una pausa a lo largo de juego y mirando a otros lugares de la sala. Oriéntese en tiempo y en espacio.
- Recuerde que lo que está experimentando está ocurriendo en una sesión de terapia de juego; ayúdese a sentir el juego y al mismo tiempo saber que es solo eso, un juego. Dígase a sí mismo: "Un pie dentro y otro fuera".
- Use su respiración y el movimiento para estabilizarse.
- Ponga nombre a su experiencia en voz alta para contribuir a calmar la amígdala.
- Asegúrese de que está utilizando observaciones en voz alta a lo largo de sus sesiones para seguir el juego y contribuir a mantener la parte racional del cerebro activada.
- ¡Establezca límites! Reconozca y redirija el juego cuando empiece a sentir que está saliendo de su ventana de tolerancia.

Cuando Morgan salió corriendo de la sala, la seguí, utilizando mi respiración para sintonizarme con el momento. Me convertí en la reguladora externa para su estado desregulado. Una vez que entramos en la sala de espera, pude ver que aún estaba inundada y en una respuesta de huida. Mi intuición me decía que, si intentaba hacerla volver a la sala de terapia de juego, pasaría rápidamente a un ataque de agresividad y trataría de pegarme. En un esfuerzo por crear una neurocepción de la seguridad, la miré y le dije: "Siento que estar aquí es demasiado. Vamos afuera". Después nos dirigimos afuera y comenzamos a caminar alrededor del edificio. Mientras caminábamos, me mantuve en silencio mientras usaba la respiración y el movimiento para estabilizarnos a ambas. En nuestro paseo, nos dimos cuenta de que algunos de los árboles habían sido talados y habían sido colocados en montones en el estacionamiento y bloqueaban nuestro camino. Cuando nos acercamos al primer montón, la observé de cerca para ver cuál sería su reacción ahora que habíamos encontrado otro obstáculo. Una vez más, me preparé para su posible inundación emocional. Podía sentir que estaba un poco más regulada, pero seguía activada. Estaba justo en el límite de su ventana de tolerancia. Decidí usar este momento como oportunidad para rediseñar su sistema nervioso. Esto es lo que hice: convertí el estacionamiento en una sala de terapia de juego gigante. Le dije que éramos como los caballos que se acercan a los saltos cada vez que nos acercábamos a un montón de árboles talados. Juntas nos plantamos frente a cada montón, moviéndonos y respirando y hablando de lo que podría salir mal si decidiéramos saltar. Nos regulamos en la ansiedad y la posible frustración. Juntas, también, nos dimos cuenta de cómo navegar los "saltos" sin inundarnos. Cuando entramos de nuevo en el edificio, estábamos cogidas de la mano y ella estaba sonriendo. Esa experiencia creó nuevas rutas neurales para ella, lo que no habría ocurrido si la hubiera rescatado por miedo a su inundación emocional. Lo que sí requirió por mi parte fue emplear todo lo que le estoy enseñando en este libro para poder avanzar hacia el desafío y ayudarla a regularse a través de él.

PUNTOS CLAVE DEL CAPÍTULO 10

- Las inundaciones emocionales suceden en todos los modelos de terapia de juego, porque son parte de la relación.
- Aprender a trabajar con la agresividad en la sala de terapia de juego requiere comprender las inundaciones emocionales y qué hacer cuando empiezan a suceder.
- Cuando se produce una inundación emocional, la única tarea del terapeuta es crear una neurocepción de la seguridad.
- Use la atención plena (*mindfulness*), la respiración, el movimiento y ponerle nombre a su experiencia en voz alta para ayudar a evitar inundarse emocionalmente.
- La seguridad en una relación tiene mucho que ver con la forma en que se producen momentos de desintonía o ruptura y de reparación.

11

Observar el juego agresivo

¿Alguna vez ha visto algo en una sesión muy agresivo o cargado de muerte por todas partes? ¿Alguna vez ha tenido que sentarse allí mientras que un niño representaba una escena intensa con su juego que le dejó con el sistema nervioso altamente activado y en un estado de hiperexcitación? ¿Alguna vez ha visto algo tan intenso que usted se tuvo ganas de desconectarse o insensibilizarse a medida que se activaba su estado de hipoexcitación? La preparación del terapeuta como observador por parte del niño es un papel común para los terapeutas de juego, ya sea porque el niño prepara así el juego o porque el estilo de la terapia de juego que se está utilizando es de naturaleza observacional.

Es posible que tengamos que ser testigos de una guerra entre los soldados del ejército o de una escena aterradora en una casa de muñecas en la que alguien se hace mucho daño. Tal vez tengamos que observar cómo el niño lanza un bebé de juguete por la habitación. O quizá nos toque mirar cómo el niño golpea el saco de boxeo, enfrenta a las títere en una pelea o dispara a un animal de juguete. No importa si usted solo está observando o forma parte de juego; en cualquier caso, sentirá la intensidad independientemente de si la registra conscientemente o no. Por lo tanto, es de vital importancia practicar la regulación de su propio sistema nervioso de manera que no termine la sesión con síntomas de haber sido testigo de violencia, ¡que lo ha sido!

Observar el juego agresivo y cargado de muerte sin entender la importancia de la autorregulación para usted mismo y para su cliente infantil es una de las maneras más rápidas de aumentar el riesgo de desgaste. Además, es también una de las maneras más rápidas de crear síntomas de desregulación en su propio sistema que permanecerán con usted mucho después de que la sesión haya terminado.

Todo lo que ha aprendido en este libro es tan aplicable cuando está observando como cuando está participando. Todavía está trabajando en manifestar su expresión auténtica y dar ejemplo de autorregulación a través de la atención plena (*mindfulness*), el movimiento, la respiración y el ponerle nombre a su experiencia en voz alta. El niño sigue observando cómo manejar la intensidad de las emociones y sensaciones que van surgiendo. Y usted sigue contribuyendo a rediseñar el cableado de las redes neurales de los niños a medida que avanzan hacia sus estados desregulados con su ayuda como regulador externo.

LA IMPORTANCIA DEL OBSERVADOR

Para aquellos de ustedes que usen un estilo de terapia de juego que permita al niño elegir si usted será un participante activo en el juego o se limitará a observarlo, ¿alguna vez ha considerado la posibilidad de que su asignación del papel de observador no es aleatoria? ¿Y si le dijera que, cuando un niño decide asignarle el papel de observador, eso también forma parte de la preparación?

Tomemos estos escenarios como ejemplo: Tomás fue testigo de violencia doméstica entre sus padres; Silvia fue obligada a ver a su hermana ser violada sexualmente; Max vio morir a su madre en un accidente de coche; Laura entró en el salón de su casa y encontró a su madre desmayada en el piso después de haber bebido demasiado. ¿Cómo le ayudarían estos niños a entender lo que se siente siendo ellos? Una de las maneras de hacerlo es convirtiéndolo en un observador.

Así que, si se utiliza un estilo de terapia de juego que naturalmente le otorgue el papel de observador, no se libra de la experiencia, sigue siendo parte de la preparación. Los niños aún harán todo lo posible por ayudarle a entender lo que se siente al ser él o ella, y la intensidad seguirá influyendo en su sistema nervioso de igual forma.

CÓMO SER UN OBSERVADOR

Una de las consideraciones más importantes es que lo que se dice tiene que tener sentido. Por ejemplo, si el niño está haciéndole daño a la muñeca y el terapeuta está llorando como si él o ella fuera el bebé, el niño probablemente se pregunte o diga: "A ti no te duele. ¿Por qué estás llorando? El bebé está ahí. Tú estás bien". Los niños se detendrán en medio de juego porque están confundidos y desorientados momentáneamente por la incongruencia. Es confuso para ellos porque no tiene sentido. Y sabemos que, cuando algo no tiene sentido en el entorno, el cerebro del niño va a hacer una pausa y dirigirse a la confusión para tratar de entenderla. Cuando esto sucede, los niños se salen de su experiencia y entran en el pensamiento analítico porque están tratando de dar sentido a la incongruencia. Nuestro objetivo es conseguir que el niño pase el mayor tiempo posible en la autorreflexión y, para ello, debemos hacer declaraciones que la propicien. Aquí hay tres tipos de reflexiones congruentes que es importante conocer:

Observaciones

Las observaciones describen lo que los terapeutas están observando a medida que siguen el juego del niño. Algunos ejemplos son:

"Los coches se están chocando entre sí".

"Hay un monstruo en la casa" (al observar a un niño jugar con un monstruo en una casa de muñecas).

"Superman y Batman están luchando" (al observar a un niño hacer que los superhéroes se golpeen entre sí).

Este tipo de declaraciones también tienen un efecto regulador para usted como terapeuta porque lo ayudan a moverse entre la intensidad de su experiencia interior y la experiencia que está observando. Ser capaz de utilizar declaraciones autorreflexivas y descriptivas de lo que está observando hacer al niño es una manera excelente de dar ejemplo para el niño, ya que este puede ver cómo el terapeuta utiliza la atención plena (*mindfulness*) para ser consciente de sí mismo y de los demás (atención dual), una parte significativa del proceso de apego. Cuando haga observaciones, asegúrese de limitarse a expresar lo obvio, sin interpretarlo. "Solo los hechos y nada más que los hechos" suelo decirles a mis estudiantes.

Tener una experiencia auténtica como observador

Como observador, es importante verbalizar lo que se siente al ser el observador. ¿Qué se siente al tener que ver lo que se le está pidiendo que vea? ¿Está nervioso? ¿Se siente impotente? ¿Le duele el estómago? ¿Está confundido? ¿Tiene miedo? Si está viendo una pelea, ¿sabe por qué está ocurriendo? Cuando el niño lo prepara como observador, es porque necesita que usted sienta lo que se siente al observar y no ser capaz de hacer nada al respecto de lo que está ocurriendo. En mi experiencia, esto es especialmente común entre los niños que han sido testigos de violencia doméstica. Si los terapeutas no están dispuestos a decir lo que se siente al observar la lucha, es muy posible que estén obviando una parte enorme de la experiencia.

Consideremos la siguiente sesión: Lonnie, de 4 años, colocó una muñeca en el sofá y le dijo a la terapeuta que el bebé se estaba ahogando. La terapeuta de inmediato comenzó a expresar la sensación de miedo mientras estaba allí viendo ahogarse al bebé. "¡El bebé! ¡Ayuda! ¡Nadie está ayudando al bebé! ¡Tengo miedo! ¡Quiero salvar al bebé!" También se regulaba en la intensidad sacudiendo los brazos, moviéndose para adelante y para atrás, y poniendo la mano en el pecho para respaldar su respiración. Lonnie había visto a su hermano pequeño ahogarse cuando tenía 2 años y no pudo hacer nada para salvarlo. Necesitaba que la terapeuta entendiera, así que la preparó para observar a un bebé ahogarse. A medida que los eventos de juego avanzaban, el sistema nervioso de Lonnie pasó de una respuesta dorsal a la movilización al observar a su terapeuta sintonizarse con él y dar ejemplo de autorregulación. En medio de la intensidad, empezó a modular la energía en su propio sistema nervioso tomando respiraciones profundas y moviéndose junto con la terapeuta.

Ponerle voz al juguete

El último tipo de reflexión para los observadores es expresar lo que siente el juguete. Una vez más, es muy importante que lo que diga el terapeuta tenga sentido cuando se hace esto. No queremos que el niño pase tiempo tratando de averiguar lo que está haciendo el terapeuta. Queremos que las reflexiones del terapeuta ayuden a profundizar en la experiencia de juego del niño y en la comprensión de sí mismo. Una de las maneras más fáciles de lograrlo es hacer declaraciones como: "Si yo fuera el (nombre del juguete), estaría sintiendo..." o "Si yo fuera el (nombre del juguete), estaría pensando...". Con este tipo de declaraciones, el terapeuta mantiene la congruencia y el niño no tiene que perder tiempo tratando de dar sentido a lo que se acaba de decir. En el ejemplo del bebé que llora que he mencionado al principio de este capítulo, el terapeuta podría decir: "Si yo fuera el bebé, estaría sufriendo y llorando", y luego llorar como si fuera el bebé. El terapeuta también podría utilizar los otros tipos de reflexiones para contribuir a profundizar en el juego sin dejar de ser congruentes.

Hágase estas preguntas para ayudarle a proyectar lo que está observando:

- ¿Tiene sentido lo que estoy diciendo?
- ¿Estoy siendo auténtico?
- ¿Estoy siendo congruente con lo que estoy experimentando y expresando?
- ¿Estoy afirmando solo los hechos, o estoy añadiendo la interpretación?

USO DEL SACO DE BOXEO

Algunos terapeutas de juego creen que utilizar sacos de boxeo fomenta la agresividad en los niños, mientras que otros creen que es un juguete esencial para la sala de terapia de juego, que permite que los niños se expresen plenamente y, con ello, promover su empoderamiento.

En un esfuerzo por acercar estas opiniones, exploremos cómo utilizar el saco de boxeo de tal forma que no promueva la agresividad a la vez que aliente al niño a comprender su necesidad de expresarla de alguna manera. Tenga en cuenta que los ejemplos enumerados a continuación son solo ejemplos. Hay muchas opciones eficaces para que los niños profundicen en la consciencia de sí mismos cuando utilizan el saco de boxeo. Siga su intuición y confíe en su experiencia. La clave es contribuir a la atención plena (*mindfulness*) y la integración, no solo utilizar el saco con fines catárticos. Pero también es importante tener en cuenta que el saco de boxeo es un juguete versátil y no tiene un único uso en la sala de terapia de juego. Aunque la mayoría de los niños lo utilizan como una manera de proyectar sus sentimientos de empoderamiento (o ausencia de él), otros lo usarán como fuente de comodidad, apoyándose y descansando en él, o como juguete sensorial, lanzándose o rodando sobre él para contribuir a regular su sistema nervioso (por poner solo dos ejemplos de otras maneras en que puede usarse un saco de boxeo).

Aquí hay algunas pautas clave que deben seguirse cuando un niño decide utilizar el saco de boxeo:

- No asuma que usted sabe quién o qué representa el saco de boxeo para el niño. En cualquier caso, no es importante que usted lo sepa.
- A menos que sepa el género deseado del saco de boxeo, es mejor que trate de ser lo más neutral posible y se refiera a él como objeto y no como persona.
- Haga reflexiones que aborden los sentimientos subyacentes que el niño está tratando de proyectar sobre el saco de boxeo.
- En la medida posible, evite las reflexiones que fomenten la agresividad. Algunos ejemplos de reflexiones que fomentan la agresividad son: "Ve a por él", "Eres tan fuerte", "Muéstrale lo enojado que estás", "Golpéale de nuevo".
- Póngase a la altura de la intensidad de juego. El niño seguirá intensificando el juego hasta que el terapeuta demuestre o describa la intensidad fielmente. El principio más importante del que debe ser consciente cuando los niños trabajan

con el saco de boxeo de una manera agresiva es que su capacidad de permanecer presente y conectado consigo mismo y con el niño durante el alto nivel de intensidad es el aspecto más curativo de la experiencia. Si los niños pasan a un estado altamente desregulado y la agresividad se intensifica, su capacidad de permanecer regulado, y emocional y energéticamente presente será lo que los estabilice de nuevo. Siempre puede reconocer y redirigir, si es necesario.

- Recuerde, la meta es la integración, no la catarsis.

Imagínese que un niño agarra el saco de boxeo y comienza a lanzarlo por la sala, poniéndolo boca abajo y girándolo rápidamente, y usted está teniendo que apartarse para poder protegerse. Estos son algunos ejemplos de respuestas eficaces que podría utilizar:

- Ponerle voz al saco de boxeo: "Si yo fuera el saco/él/ella, estaría pensando, 'He perdido el control. Mi mundo está del revés'".
- Exprese lo que se siente al ser el observador: "Estoy asustado y nervioso viendo esta lucha".
- Exprese su observación del saco de boxeo: "Su mundo se volvió del revés y no tiene ningún control".
- Exprese su observación de la interacción del niño con el saco de boxeo: "Quieres que el saco/él/ella sepa lo que se siente al tener todo al revés y no tener ningún control".

Si los niños optan por utilizar el saco de boxeo como apoyo o como una forma de regularse, proporcióneles reflexiones que potencien su consciencia de lo que están haciendo.

Roberto tiene 10 años y está corriendo por la sala de terapia de juego de una manera ansiosa y frenética, pasando de un juguete a otro. Encuentra el saco de boxeo y se tumba sobre él, esforzándose por mantener el equilibrio. Estos son algunos ejemplos de respuestas eficaces:

- Exprese su observación del saco de boxeo: "No deja de moverse. Es difícil para el saco/él/ella quedarse quieto y soportar tu cuerpo".
- Exprese su observación de la interacción del niño con el saco de boxeo: "Estás esforzándote mucho por hacer que deje de moverse para que puedas descansar sobre él, pero es tan difícil encontrar una manera de relajarse cuando las cosas no dejan de moverse".

Las pautas generales para trabajar con un niño y un saco de boxeo son esencialmente las mismas independientemente del juguete con el que elija jugar el niño.

En los dos capítulos siguientes, voy a compartir con usted más consejos e ideas para posibilitar la agresividad e integrar la intensidad en el juego hiper e hipoexcitado.

PUNTOS CLAVE DEL CAPÍTULO 11

- Incluso como observador, su sistema nervioso todavía se verá afectado por la intensidad de juego, y los niños seguirán intentando mostrarle cómo se sienten a través de la preparación.
- Como observador, es importante tener una respuesta auténtica y congruente conforme a lo que siente al observar el juego del niño.
- Al observar el juego, haga observaciones limitadas a los hechos, sin interpretarlas.

- Sigue siendo importante regularse como observador, ya que los niños todavía tienen que tomar prestada su capacidad reguladora para ayudarles a integrar sus desafiantes sentimientos, sensaciones y pensamientos internos.
- El saco de boxeo es un juguete versátil y no se limita a un solo uso en la sala de terapia de juego. Es importante que se utilice para la integración, no la catarsis.

12

Juego hiperexcitado

Scott, de 7 años, guardó los bloques y se sentó a mi lado en el piso, y sentí una extraña ansiedad invadirme. Me di cuenta de que mi respiración estaba cambiando, también de que la energía en la sala había cambiado, casi como si estuviera conteniendo el aliento. En cuanto registré estos cambios, Scott agarró una serpiente de títere y la abalanzó sobre mí. Imaginando por un momento que se trataba de una serpiente de verdad que venía hacia mí, grité, ya que no me había dado ningún escudo. Y luego tomé una respiración profunda, para liberar la tensión de mi cuerpo. A continuación, fue una araña la que me atacó, luego un dragón y luego un tiburón. Dije cosas con un sentimiento auténtico como: "No entiendo por qué ocurre esto. Estoy asustada. No tengo ninguna protección. No sé si me van a hacer daño". Scott me estaba abriendo una ventana a su mundo.

El juego estaba lleno de hiperexcitación. Con el fin de ayudarlo a integrar la intensidad, hice todo lo que le he enseñado a hacer en este libro. Permití que la experiencia me pareciera real sin perder de vista que no lo era. Me quedé presente y utilicé la atención plena (*mindfulness*) para ampliar la ventana de tolerancia y mantener la intensidad. Utilicé el movimiento y la respiración y le puse nombre a mi experiencia para regular la energía en mi sistema nervioso y en su juego. Esto también le ayudó a mantenerse conectado a sí mismo y a no inundarse emocionalmente.

Scott había sido testigo de violencia doméstica y, a través de su juego, me preparó para entender la hipervigilancia y el miedo que experimentaba. En su juego, me asustaba con los animales, pero los animales nunca me hicieron daño. Él me ayudó a entender lo que se sentía al ser él; preguntándose constantemente si iban a hacerle daño y no siendo capaz de predecir cuándo comenzaría la violencia.

Antes de discutir más formas de trabajar con la hiperexcitación en la sala de terapia de juego, me gustaría que dedicara un momento y consultara la tabla del sistema nervioso incluida en el capítulo 3, para recordar los síntomas de hiperexcitación. También me gustaría recordarle que, si no regulamos durante el juego intenso, corremos el riesgo de aumentar la intensidad en el juego porque el niño está tratando de llevarnos a tener una respuesta auténtica, y también corremos el riesgo de experimentar trauma indirecto y fatiga por compasión.

MÁS SOBRE LA REGULACIÓN A TRAVÉS DE LA HIPEREXCITACIÓN

A continuación, analizaremos un poco más a fondo el uso de la respiración y el ponerle nombre a la experiencia para ayudarlo cuando la intensidad de la hiperexcitación entre en juego.

¡Respire!

Cuando la hiperexcitación haga acto de presencia en la sala de terapia de juego, probablemente advierta que su cuerpo se tensa y comenzará a tener respiraciones poco profundas o a contener el aliento. Estas son respuestas naturales cuando tenemos miedo o sentimos la intensidad en nuestro cuerpo. Sin embargo, cuando la respiración se vuelve superficial y contenemos el aliento, lo que conseguimos en realidad es intensificar la experiencia, contribuir a la hiperventilación y mantener la energía en un estado de hiperexcitación.

Cuando comience a experimentar la hiperexcitación en la sala y note que su respiración ser vuelve más rápida y menos profunda, es importante que alargue su exhalación para estabilizarse y liberar la energía. A veces, el juego está desarrollándose tan rápidamente, como en una lucha de espadas, que es difícil tomar una respiración profunda. En estos momentos, recuerde que debe tomar una respiración profunda entre los golpes y sablazos.

Use la respiración para ayudar a estabilizarse en la intensidad y mantener su sistema nervioso regulado. El beneficio para los niños es que le oirán respirar, lo que les recuerda que ellos también deben hacerlo.

¡Verbalice lo que ve!

Si un animal le está mordiendo o está viendo una muñeca ser golpeada o tirada en por el piso, no es momento de quedarse callado (a menos que el niño haya preparado la escena y le haya quitado la voz o lo haya silenciado de alguna otra manera en el juego). Es momento de compartir su experiencia en voz alta describiendo lo que supone para usted observar la agresividad. ¡Es el momento de ser real! Al hacerlo, puede encontrarse gritando o diciendo cosas como: "Tengo miedo", "No sé cómo protegerme", "¡Ay!", "Ni siquiera entiendo por qué estoy luchando" o, incluso, "¿Por qué me está pasando esto? Estoy preocupado por el bebé". En los momentos intensos, no hay frases correctas ni incorrectas. Lo que importa es que verbalice lo que siente verdaderamente en ese momento.

Recuerde que ponerle nombre a su experiencia en voz alta favorece la integración, ya que es capaz de calmar su amígdala y la del niño (Siegel & Bryson, 2011).

Y no olvide tampoco que las observaciones sobre lo que el niño está haciendo literalmente son igual de importantes que compartir nuestra propia experiencia en voz alta en el juego. Esto les ayudará a ambos a centrarse en lo que está sucediendo en el juego, así como a mantener la corteza prefrontal activada.

SENTIRLO Y DEJARLO IR

Quiero que se imagine que usted practica artes marciales y su contrincante se acerca a usted. ¿Qué hace? ¿Lo detiene diciendo: "No, no puedes hacer eso"? ¿Sale corriendo? No, avanza hacia el contrincante con atención. Cuando su oponente ataca, usted no se aparta del golpe, sino que lo frena con su cuerpo, se permite estar presente en la intensidad, y luego la deja ir. Y luego se produce el siguiente ataque. De nuevo lo frena con su cuerpo, está presente y lo deja ir.

Podemos ver el mismo proceso en el yoga cuando nos enfrentamos a un desafío. Quizá llega a un punto de tensión en el cuerpo o está a punto de perder el equilibrio. ¿Qué hace? Va más allá adentrándose en el desafío con atención, estando presente con las sensaciones y, luego, utilizando la respiración, lo suelta y lo deja ir con la pose. A lo que voy es a que, cuando la intensidad del niño viene hacia nosotros, practicamos estar presentes con nosotros mismos y con la propia energía. Practicamos permitirnos sentir la preparación y la intensidad. Recordamos el mantra "un pie dentro y otro fuera". Nos damos permiso para tener una reacción auténtica a lo que está ocurriendo, y luego, lo dejamos ir todo. Podemos repetir esto con cada ola de intensidad que venga hacia nosotros.

La sesión que tuve con Henry, un cliente de 4 años, ilustra esta práctica. Quedé atrapada entre la silla y el sofá, haciéndome un ovillo para protegerme mientras Henry siseaba entre dientes y lanzaba ardiente veneno sobre mí. En el contexto de juego, yo me movía entre responder como si realmente alguien estuviera virtiendo veneno ardiente sobre mí y apenas ser capaz de pronunciar las palabras, a medida que el veneno cubría mi cuerpo. "Me duele todo", "Ay", "¡Me quema!", "¡Haz que acabe!", "No puedo respirar", "Tengo miedo", "No me fío de nadie", "No es seguro". Estas fueron algunas de las cosas que dije. Henry me atacó de nuevo, siseándome en la cara de una manera primitiva, animal, y mi cuerpo se tensó. Me permití permanecer presente en la experiencia, sin ser consumida por ella, y silenciosamente me recordé que estaba en una sesión de terapia de juego. Respiré. Respiré mucho. Me concentré en la exhalación de la respiración para permitir cierta liberación en medio de la preparación que Henry había hecho para permitirme entender el temor que había experimentado en su trauma. Moví mis dedos de los pies, porque eran la única parte de mi cuerpo que podía mover, ya que estaba embutida en un espacio diminuto. Sentí la intensidad en mi cuerpo y luego la dejé ir. Volví a mi misma. Y, entonces, Henry me atacó de nuevo con su siseo y esta vez presionó un cojín contra mí, creando más agobio. Quería que tuviera una experiencia de lo que se siente al ser invadido por una sensación abrumadora, de dolor, de terror y de no poder hacer nada para detenerla. Mientras sentía su mundo, me permití sentirlo, ponerle nombre, moverme a través de él y dejarlo ir.

¡LUCHEMOS CON ESPADAS!

Ya sea jugando a indios y vaqueros, o a policías y ladrones, o a peleas de almohadas como niños, la mayoría de nosotros hemos experimentado la energía de un juego de peleas. Y, por lo general, nos reíamos, contrarrestando la lucha con la misma intensidad, y siendo competitivos y traviesos. Las luchas con espadas son comunes en las sesiones de terapia de juego, pero a menudo son muy diferentes de las peleas infantiles habituales, ya que no suelen ir acompañadas por la diversión y la jovialidad.

Estos son algunos consejos para facilitar las luchas de espada en la sala de terapia de juego para que sean terapéuticas. Tenga en cuenta que se trata de pautas generales y no de normas. Si los niños necesitan que ocurra algo diferente, se lo harán saber. Lo más importante es que confíe en su intuición.

No gane; pierda su poder lentamente

Al igual que en otras formas de juego, en las luchas con espadas los niños están tratando de prepararlo para sentir lo que sienten, que normalmente es impotencia. Vienen a la terapia sintiendo una falta de empoderamiento y teniendo dificultades para integrar su percepción del desafío que están experimentando o han experimentado.

Es importante que usted pierda su poder. Permítase sentir lo que supone sentirse impotente porque no tiene suficiente energía, no es lo suficientemente fuerte y no puede protegerse bien.

Una manera excelente de ayudarlo a perder su poder es dejarse acorralar en una esquina o contra un sofá para que pueda caer lentamente al piso o al sofá, haciéndose cada vez más pequeño.

No sea demasiado bueno

Los niños necesitan un oponente digno, pero, si usted es demasiado bueno, la lucha se acaba centrando más en derrotarlo como terapeuta, por no hablar de que el niño tiene que trabajar muy duro. También es importante que se ponga a su altura en la medida de lo posible y que la lucha de espadas se produzca a partir de ahí.

Una vez fui testigo de un gran ejemplo de una terapeuta que era demasiado buena luchadora durante una de nuestras capacitaciones intensivas de Synergetic Play Therapy (Terapia de juego sinergética). La terapeuta era una mujer alta y su cliente era un niño de 5 años, la mitad de su altura. Cuando empezó la lucha con espadas, se mantuvo de pie y se dedicó a dar estoques altos, por encima de la cabeza del niño. El resultado fue que el niño no pudo tomar su poder fácilmente. Saltaba y daba estoques también en alto para tratar de despojarla de su espada. Intentó todo lo que se le ocurrió para conseguir que se viniera abajo, que es donde necesitaba que estuviera para que se sintiera impotente y sin fuerza. Trató de clavarle la espada, luchó con dos espadas, incluso se subió a una silla, pero nada funcionó. Por último, tomó su espada y barrió sus piernas con ella para "cortárselas" y finalmente ella entendió el mensaje y cayó al suelo.

¿Debo contraatacar?

Contraatacar o no depende de una serie de factores. He estado en luchas de espada donde la espada me embestía con tal fuerza y rapidez que no habría podrido contraatacar, por más que quisiera. Otras veces, el niño irá poco a poco y luego subirá el ritmo, arremetiendo contra usted y haciéndolo rabiar. Otras, le cortará los brazos de inmediato y lo dejará sin protección. Hay tantas variantes..., pero lo más importante es el contexto y la energía que surge como resultado de la forma en que la lucha de espadas se está desarrollando.

Si usted es capaz de contraatacar, no lo dude, si eso es lo que le resulta auténtico, pero siga estas dos pautas importantes:

- A veces, el niño le dirá algo como: "¡Atácame!" o "¡Córtame la pierna!", o algo parecido. Si el niño le dice que lo ataque con una espada, hágalo con mucho cuidado y suavemente. Pídale que diga exactamente qué se supone que debe hacer.

- En cualquier momento en que sienta que la lucha de espadas es demasiado, o lo que le está pidiendo no le parezca bien, establezca un límite reconociendo y reorientando el juego.

He observado que los terapeutas que tienen una alta necesidad de control o a quienes no les gusta perder o sentirse impotentes a veces aprovechan para colar un pequeño estoque. Puede tratarse de un golpecito rápido a la pierna del niño cuando hay una pausa en la energía o un estoque rápido cuando el niño no está mirando. A veces es difícil perder nuestro poder y buscamos un momento para sentirnos poderosos. Si le sucediera esto en la sala de terapia de juego, reconozca su necesidad interiormente, respire y, luego, dese permiso para sentir las sensaciones incómodas que está tratando de evitar.

PONERLE GUION AL JUEGO

Cuando los niños le piden que los golpee con su espada (o que les dispare o los espose o cualquier otra cosa que parezca agresiva), es extremadamente importante que le den el guion de lo que sigue. Esto suele ser un momento en el proceso de la terapia en el que los niños necesitan que usted se convierta en el desafío para que puedan hacerse valer. Cuando esto sucede, haga una pausa y pídale al niño que le diga exactamente cómo hacerlo.

Por ejemplo, cuando Jennifer, de 8 años, y yo estábamos luchando con las espadas, ella tenía dos espadas y un escudo, y yo no tenía nada. Me estaba preparando para que me sintiera completamente impotente sin ninguna manera de protegerme. De repente, me dio sus espadas y el escudo.

"Ahora tú me atacas", dijo.

Hice una pausa por un momento y me volví presente. "¿Quieres que lo haga exactamente como hiciste tú conmigo, o de otra manera?", pregunté.

"Igual que yo contigo", dijo.

Cuando me acerqué a ella para comenzar la lucha de espadas, mantuve la consciencia de mi respiración y tuve cuidado de no hacer nada que no le hubiera visto hacer antes. Justo cuando estaba a punto de blandir la espada en sus piernas, me lanzó una poción mágica que me convirtió en una estatua, y recuperó su poder.

Si los niños le piden que haga algo con lo que usted está completamente incómodo, o si se pregunta si la forma en que quieren que haga algo podría reforzar una experiencia traumática, reconozca la petición y redirecciónela. Esto también se aplica a cualquier juego, independientemente de si los niños le están pidiendo que les haga algo o no. Lo importante es que, haga lo que haga, mantenga el flujo de energía en movimiento.

PUNTOS CLAVE DEL CAPÍTULO 12

- ¡Regular, regular, regular!
- Cuando la intensidad y la hiperexcitación ocurren, es importante sintonizarse con la respiración, alargando su exhalación, si nota que se está volviendo superficial.
- A medida que comience a sentir la intensidad de juego hiperexcitado, siéntalo, póngale nombre, muévase a través de él y déjelo ir.

- Recuerde que es importante sentir la preparación de juego, pero no dejarse absorber por él creyendo que en realidad le están haciendo daño.';
- Consejo para luchar con espadas: pierda su poder poco a poco, no sea demasiado bueno, y pida un guion de juego si en algún momento el niño le pide que se convierta en el retador y le haga algo a él.

13

Juego hipoexcitado

Entro en la sala de espera para saludar a Jenny, de 5 años, que está sentada junto a su madre. Me inclino para decirle hola, y Jenny se levanta rápidamente de la silla y sale corriendo por el pasillo. Estoy tan sorprendida que no tengo tiempo ni de registrar mis sentimientos. Me giro y corro tras ella. Mientras trato de alcanzarla, veo que entra corriendo en mi sala de terapia de juego. Cuando cruzo el umbral de la puerta de la sala de terapia de juego, Jenny saca una pistola de juguete y me dispara. Estoy muerta y me quedo así el resto de la sesión. Lo único que podía pensar era: "Ni siquiera llegué a decirle 'hola'".

¿ES LA MUERTE REALMENTE NECESARIA EN LA SALA DE TERAPIA DE JUEGO?

Jenny fue adoptada al nacer. En muchos sentidos, es la típica historia perfecta de una adopción. Su madre biológica era una joven de 16 años totalmente capaz y con un buen hogar, que decidió que no estaba lista para ser madre. Después de que tomara la decisión de dar a Jenny en adopción, escogió cuidadosamente a los padres adoptivos. Los padres adoptivos de Jenny estuvieron implicados durante todo el embarazo y también estuvieron presentes en la sala del parto cuando nació. Cuando Jenny vino al mundo, la pusieron en los brazos de su madre adoptiva.

Ella tenía que matarme porque yo debía saber lo que se sentía al querer decir 'hola' y conectar con alguien para luego sentirse completamente abandonada, rechazada y no querida. Yo necesitaba entender el nivel de abandono y de choque que ella había experimentado.

Los niños que están experimentando un grado de insensibilidad emocional, disociación, constricción emocional y depresión a menudo manifiestan un estado de hipoexcitación. Recuerde que, cuando percibimos un desafío tan grande que pensamos que no podemos hacer nada al respecto, o que se ha prolongado por demasiado tiempo o ha sido demasiado intenso, el sistema nervioso pasa naturalmente a un estado hipoexcitado de activación dorsal por mero instinto de supervivencia. Para los niños que están teniendo esta experiencia, incluir la muerte en el juego puede ser una parte muy importante de la terapia. La muerte también puede usarse como parte de la preparación para que el terapeuta sepa lo que se siente al ser indefenso, insignificante y completamente rechazado e, incluso, solo querer desaparecer. La muerte en el juego también puede ser literal para algunos niños que han sido testigos de una muerte o experimentado la pérdida de un ser querido.

Los terapeutas pueden tener temores acerca de si incluir la muerte en el juego fomenta la muerte. Al igual que con la agresividad, pueden tener miedo de que, si se hacen los muertos o permiten que alguien muera, están promoviendo este comportamiento aterrador fuera de la sala de terapia de juego. Es importante recordar que, tal como ocurre con el juego agresivo, la capacidad del terapeuta para permanecer presente, regular y dar ejemplo de la atención plena (*mindfulness*) en medio de la intensidad durante este tipo de juego ayuda a promover la integración. Cuando los terapeutas están desconectados, no le ponen nombre a la intensidad de las emociones que están surgiendo en el juego y no están presentes en lo que está ocurriendo en sus cuerpos y en la relación con el niño, se arriesgan a que el niño traslade el juego fuera de la sala para continuar los intentos de integración.

Si la idea de explorar la muerte en la sala de terapia de juego le cuesta, tenga en cuenta que los niños han estado jugando a hacerse los muertos a largo de la historia, en todas las culturas. Es normal que los niños tengan curiosidad por el proceso de la muerte. Los niños están rodeados por la muerte y por finales todos los días. La sala de terapia de juego es el lugar perfecto para explorar las emociones y sensaciones que surgen a medida que los niños procesan esta parte importante de la experiencia de la vida.

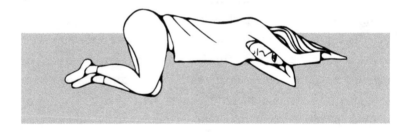

CAER MUERTO

Con los años, después de haber probado una infinidad de cosas y haber errado en muchas de ellas (algunas cómicas y otras algo dolorosas), he aprendido que existe una forma recomendable de dejarse caer cuando se muere. Es importante morir de una manera que le proteja de hacerse daño y le permita seguir sabiendo lo que está pasando en la sala con el niño. También es importante que se mantenga muerto hasta que lo resuciten o hasta que la sesión haya terminado.

En una sesión, me dijeron que era un ladrona y que tenía que tratar de robar un banco. Mientras me dirigía sigilosamente hacia la caja registradora, Margaret me llamó para que me girase hacia ella con las manos arriba. Con las manos arriba, me di la vuelta, y me disparó. Me dejé caer hacia atrás, y ella me disparó de nuevo. Mi cuerpo respondió como si realmente estuviera siendo blanco de los disparos. Reconociendo que probablemente estaba muerta en ese momento, me dejé caer. Lamentablemente, no planeé mi caída y, mientras caía hacia atrás, mi espalda fue a dar con la esquina de la bandeja de arena. ¡Ay! Caí boca arriba, completamente expuesta, y los brazos abiertos de par en par. Lo siguiente que recuerdo es cómo Margaret atravesaba mi vientre con una espada. ¡Ay!... otra vez.

Estas son algunas sugerencias para mantenerse a salvo cuando tenga que morir en la sala de terapia de juego:

- Caiga sobre algo blando. Si le disparan, apuñalan o le propinan un puñetazo imaginario, siempre puede caminar hacia atrás hasta caer sobre algo cómodo, como un sofá o una silla.
- Cuando se deje caer, asegúrese de hacerlo de una manera que proteja la cabeza y el vientre. Adopte una posición fetal, si es posible. Si cae boca arriba con el vientre y el corazón expuestos, es muy probable que termine por recibir un disparo o una puñalada allí. ¡Créame!
- No cierre completamente los ojos. Si lo hace, se sentirá muy vulnerable, lo que puede generar sentimientos de hipervigilancia. Tampoco podrá seguir los movimientos del niño. No pasa nada por tener los ojos abiertos y dejar la mirada perdida. Con los ojos abiertos, puede utilizar su visión periférica para ver lo que está pasando.

- Asegúrese de que, caiga como caiga, quede mirando al centro de la sala para que no le dé la espalda a lo que el niño está haciendo.
- Si tiene que caer al piso, hágalo en posición fetal. Caiga en una posición en la que esté descansando su cabeza sobre un brazo extendido y coloque el otro brazo sobre la parte superior de la cabeza. En esta posición, quedará un hueco entre sus brazos que le permitirá ver lo que pasa.

LOS MUERTOS NO HABLAN

Cuando los terapeutas mueren, es importante no hablar. He visto a terapeutas intentar hablar varias veces estando muertos, y todas las veces los volvieron a matar. De hecho, hablar mientras se está muerto prolonga el proceso. También me he dado cuenta de que el deseo de hablar mientras están muertos normalmente proviene de su deseo de no tener que sentir todo lo que están sintiendo mientras están muertos. Muchas veces es también una forma de que los terapeutas recuperen su sensación de control, porque, seamos sinceros, hacernos los muertos produce una sensación de mucha impotencia y de no tener ningún control sobre la experiencia.

Hay tres excepciones a la regla de no hablar si está muerto:

- Si el niño es pequeño y pasa mucho tiempo, es importante recordarles que pueden resucitarlo. Puede sentarse rápidamente y susurrar, "Es tu juego y puedes hacer que vuelva a estar vivo cuando quieras", y luego volver a tumbarse.
- Solo por estar muerto no significa que no pueda tener consciencia del tiempo. Sigue siendo importante que le diga

al niño que quedan 10 minutos para el final, o 5 minutos, o 1 minuto.

- Estar muerto no significa que no pueda establecer límites cuando sea necesario. Si usted está muerto y el niño sigue apuñalándolo o intenta hacerle daño, es importante que se dé permiso para establecer un límite.

REGULACIÓN A TRAVÉS DE LA HIPOEXCITACIÓN Y LA MUERTE

Hacerse el muerto puede ser tan intenso como el juego agresivo, si no más. La regulación de la hipoexcitación puede ser un reto porque no hay mucha energía con la que trabajar, pero es esencial seguir utilizando la atención plena (*mindfulness*), la respiración, el movimiento y el ponerle nombre a su experiencia en voz alta (cuando se le permite hablar) como parte del proceso. Si no lo hace, experimentará altos niveles de insensibilidad y puede comenzar a desconectar y disociar. Todavía está registrando la intensidad en un cierto nivel y sin regulación es probable que sienta los efectos de juego en algún momento después de la sesión.

Probablemente la parte más difícil de facilitar la energía hipoexcitada cuando muere en el juego es que, al estar muerto, no puede hablar y tiene que quedarse inmóvil. Por estas razones, la regulación tiene que ser un proceso interno. A pesar de que no puede ponerle nombre a su experiencia en voz alta o moverse visiblemente, puede utilizar la atención plena (*mindfulness*), la respiración y los movimientos internos para ayudar a aliviar la desregulación de su sistema nervioso y a permanecer presente. A pesar de estar muerto, todavía tiene un cuerpo. Cuando esté allí tendido, recuérdese que usted forma parte de juego y sienta la preparación que ha hecho el niño, y no olvide tampoco que sigue siendo importante practicar al regulación a través de las sensaciones intensas que pueda estar experimentando. Estos son algunos consejos para regular su cuerpo de modo que pueda permanecer presente y en sintonía con el niño.

Respire, respire, respire

También en el juego hipoexcitado, una de las mejores maneras de autorregularse y mantenerse presente es a través de la respiración.

Mientras esté muerto, practique la respiración regulada. Esto es especialmente útil cuando tiene que estar muerto durante un período prolongado de tiempo. Para regular su respiración, haga que su inhalación y exhalación duren lo mismo. A veces es útil contar en silencio durante las respiraciones. Cuando tome aire, cuente lentamente uno-dos-tres-cuatro y, al exhalar, haga lo mismo: uno-dos-tres-cuatro. Siga repitiendo el ciclo. No importa hasta qué número cuente con tal de que le resulte cómodo.

Reflexión

Túmbese en el piso como si estuviera muerto y practique la respiración regulada durante un minuto.

Haga exploraciones corporales

Otra estrategia para mantenerse presente es hacer exploraciones del cuerpo. Usando la atención plena (*mindfulness*), dirija su atención a sus pies, haciendo una pausa para notarlos. Es posible que se sientan bastante activos en su interior o todo lo contrario: que apenas los pueda sentir. No se preocupe, solo nótelos. A continuación, dirija su atención a otras partes de su cuerpo, haciendo una pausa con cada una de ellas para darse cuenta de cómo se sienten.

A medida que explora las partes de su cuerpo, es posible que desee moverlas. Si es así, encuentre formas de hacerlo que no sean visibles para el niño. Mover los dedos de los pies si está calzado, tensar y soltar los músculos, y presionar con el cuerpo en el piso o en el sofá son algunas maneras en que puede moverse sutilmente si se está haciendo el muerto. Para lograr una regulación óptima, incluso puede considerar hacer movimientos orientados bilateralmente (*bilateral* significa "que afecta a ambos lados"). Por ejemplo, tense los músculos de la pierna izquierda y la pierna derecha de forma alterna. Esto activa ambos hemisferios del cerebro, lo que promueve la integración.

TODAVÍA TIENE SENTIMIENTOS

A pesar de que está muerto, sigue formando parte de la preparación del niño para que sienta su percepción de sí mismo y de las experiencias desafiantes por las que ha tenido que pasar. Cuando esté allí tendido, pregúntese: "¿Cómo me siento ahora mismo? ¿Me siento solo? ¿Me siento triste? ¿Me siento impotente? ¿Ni siquiera me dio la oportunidad de tratar de sobrevivir? ¿Me siento insignificante? ¿Siento alivio porque no quiero seguir haciendo frente a la intensidad de la hiperexcitación o de la agresividad?". (Esta última pregunta refleja un sentimiento común cuando la muerte se produce tras un período de juego agresivo de alta intensidad).

A medida que sienta la preparación, sea consciente de la desregulación de su cuerpo sin dejarse absorber por ella. Tenga una visión más amplia de lo que está sucediendo en la sala de terapia de juego para que pueda seguir sintonizado consigo mismo y con el niño.

A pesar de que no puede decir las cosas en voz alta, está reconociéndose a sí mismo cómo se siente y aún experimentará el beneficio de la autorregulación. A medida que reconozca sus sentimientos en silencio, permítase avanzar hacia ellos, sin dejar de estar conectado consigo mismo en medio de la intensidad de la respuesta hipoexcitada y sin dejarse absorber por ella.

TODAVÍA TIENE UNA MENTE

Se dará cuenta de que, cuando esté allí inmóvil, su mente comienza a vagar. Es posible que se ponga a hacer la lista de la compra o que piense en cualquier cosa que le llame la atención y le impida sentir lo que está sucediendo en la sala. Esta es una experiencia natural, y sucederá. También puede sentir sueño o querer desconectar. Cuando esto ocurra, basta con darse cuenta y volver a sí volviendo su atención a su cuerpo y su respiración. Si ha logrado morirse con los ojos abiertos o en algún lugar donde pueda ver lo que está sucediendo, tome conciencia de lo que está ocurriendo en la sala. Tome conciencia del niño.

EL NIÑO PUEDE SENTIRLO

Tal vez se esté preguntando por qué es tan importante llegar a tales extremos para manejar el estado hipoexcitado en que se encuentra. La respuesta es que el niño puede sentirlo a usted. Usted sigue siendo el regulador externo.

Después de una breve, pero intensa, lucha con espadas, Lily me atravesó el corazón y anunció que estaba muerta. Por suerte, fui capaz de caer en posición fetal de cara al juego, por lo que podía asomarme bajo el brazo y hacer un seguimiento de dónde estaba en la sala. Utilicé la atención plena (*mindfulness*) y mi respiración para estar presente con mi experiencia y estar conectada a mí misma a medida que sentía su preparación de juego. Mientras lo hacía, me di cuenta de que también era capaz de mantenerme conectada con Lily. Durante los siguientes 25 minutos, Lily deambuló por la sala aparentemente un poco perdida, pero finalmente se dirigió a la bandeja de arena, sintió la arena entre sus dedos sin decir una palabra y la puso en distintos envases. Nunca miró hacia mí ni se acercó. Después de 10 minutos más, me di cuenta de que me estaba costando más permanecer presente conmigo misma. Entonces mi mente decidió perderse por completo y empecé a pensar en mi día y lo que iba a hacer esa noche. Me desconecté de mí misma y dejé de lado el contenedor lleno de energía que estaba sosteniendo para Lily. Ya no estaba presente. En cuanto esto sucedió, Lily se levantó de la bandeja de arena, vino directamente a mí y me dio una patada. Había sentido cómo la había abandonado.

PERMANECER PRESENTE
CUANDO SE HACE EL MUERTO

Voy a ser muy clara: es difícil permanecer presentes cuando la energía esta hipoexcitada porque la activación del nervio vago dorsal crea la experiencia de querer colapsar y desconectar. El consenso de mis estudiantes y mi propia experiencia personal es que navegar por las aguas de la hipoexcitación es mucho más difícil que las de la hiperexcitación. Requiere trabajo y dedicación estar con uno mismo cuando está siendo ignorado, excluido, abandonado y dado por muerto en el juego. Para la mayoría de los terapeutas de juego, esta experiencia trae consigo todo tipo de emociones incómodas.

Tal vez se pregunte, "Si no puede hablar y no se puede mover, ¿cómo le está enseñando a un niño a regularse estando tendido en el piso?". A pesar de que pueda parecer que no está pasando nada, están pasando un montón de cosas. Cuando usted está tendido regulando conscientemente, está influyendo en la energía de la sala. Todavía está sosteniendo el contenedor que permite que los niños avancen hacia sus sentimientos y sensaciones incómodos, en lugar de evitarlos. En el silencio, los niños tienen la oportunidad de sentir los sentimientos que están conectados al juego. Piense en ello como una madre que está sintonizada en silencio regulando la situación junto a su hijo triste o retraído. La madre sigue actuando como reguladora externa incluso cuando el niño está hipoexcitado.

Una de las estrategias que utilizo para ayudarme a permanecer presente durante este tipo de juego es la visualización. Cuando me siento cada vez más pequeña y con ganas de desaparecer o desconectar, imagino que mi energía crece hasta llenar toda la sala de terapia. Sigo imaginándolo hasta que siento que mi energía es mayor que la propia sala y que estoy sosteniendo todo lo que hay dentro, incluido al niño.

> **Reflexión**
> Túmbese en el piso en posición fetal. Puede practicar
> la postura de hacerse el muerto, si lo desea. Ahora
> imagínese que su energía se infla como un globo, llegando
> a las paredes y al techo, llenando todos los espacios
> posibles en la sala. Siéntase cada vez más grande, y sienta
> cómo su presencia se expande en la sala.

MUERTE MÚLTIPLE

A veces, un niño lo matará varias veces en una sesión. Usted morirá y luego el niño le hará cobrar vida de nuevo, solo para matarlo de nuevo. Este tipo de juego puede ser agotador y requiere un alto nivel de regulación, ya que su propio sistema nervioso estará oscilando entre los intensos estados de hiper e hipoexcitación. Recuerde que una de las etapas de la activación del sistema nervioso se llama *la activación autónoma dual*. Esta se produce cuando tanto la rama simpática como el nervio vago dorsal están tratando de asumir el control al mismo tiempo. Y se siente como si una parte de usted quisiera luchar, y otra quisiera colapsar. Con el tiempo, la preparación en este tipo de juego puede crear sentimientos de querer morir y quedarse en ese estado en el juego. Cuando esto sucede, el juego está representando simbólicamente la activación de la rama dorsal queriendo desconectar y permanecer insensible durante un período prolongado de tiempo. También puede crear sentimientos de impotencia y desesperanza, ya que los terapeutas saben que, cuando están vivos en el juego, su muerte es inminente. Con el paso del tiempo, también puede crear sentimientos de ira, cuando el terapeuta alcanza el punto de "hasta aquí, basta ya", pero no puede hacer nada al respecto. Recuerde, su autenticidad y la capacidad de dar ejemplo de regulación es la clave.

DESCRIBIR LA HIPOEXCITACIÓN

Estoy sentada frente a Bobby, de 9 años, mientras coloca en línea a los soldados del ejército en el piso. La energía en la sala está muy quieta. Todo parece estar pasando a cámara lenta. Mi cerebro empieza a decirme que se va a producir una pelea, pero no puede sentir la ansiedad. De hecho, no puedo sentir gran cosa. Al verlo colocar a los soldados, comienzo a sentir un poco de sueño. Cuando ha terminado la preparación, Bobby agarra un soldado y despacio lo mueve para que le dispare a otro. Hace un sonido suave de un disparo. El sonido se disipa, desvaneciéndose. Coge otro soldado y de nuevo ataca lenta y sigilosamente a otro soldado. La guerra ha comenzado y, aunque puedo verla, no puedo sentirla.

Cuando un niño nos prepara para observar un juego en el que se incluye la muerte, también puede estar preparándonos para sentir hipoexcitación. Cuando esto ocurre, podemos tener sueño, sentirnos entumecidos, idos y aburridos, y puede costarnos registrar los sentimientos de nuestro cuerpo. Esto también es cierto cuando hemos estado participando en un juego intenso durante un tiempo y nuestro sistema nervioso solo quiere descansar, como en el caso de la muerte en repetidas ocasiones. El cerebro lo registra como algo excesivo, y la respuesta dorsal o de colapso se adueña de nosotros.

Ya ha aprendido cómo regularse a través de estos estados intensos, pero encontrar las palabras cuando no sabe exactamente qué está experimentando puede ser un reto. Describir la experiencia de sentirse hipoexcitado a menudo implica explicar una ausencia de sensaciones y emociones. Por ejemplo, en el juego de Bobby, dije cosas como: "Al verte colocar a los soldados, no puedo sentir nada en mi cuerpo. Mi cerebro me está diciendo que tenga miedo, porque estoy viendo una batalla, pero no puedo sentirlo". La razón por la que esto es importante es porque la experiencia de observar algo difícil y no ser capaz de sentir nada puede ser una parte crucial de una respuesta al trauma. El cuerpo hará todo lo necesario para controlar la intensidad que está experimentando. Para muchos niños que han sufrido traumas o bien los han observado, será importante explorar estos estados del sistema nervioso para poder rediseñar los patrones de sus experiencias. Permitirnos sentirlo contribuye a ser capaces de regularnos a través de él para ayudar al niño a hacer lo mismo.

Y no olvide seguir haciendo muchas observaciones sobre el juego del niño.

DIÁLOGO INTERNO NEGATIVO

Me gustaría añadir una última cosa con respecto al juego hipoexcitado. Los terapeutas que han tenido sesiones llenas de hipoexcitación a menudo me hacen preguntas como, "¿Qué estoy haciendo mal? ¿Qué me estoy perdiendo?". No se están perdiendo
nada. De hecho, esos pensamientos son exactamente lo que les han
preparado para preguntar. A menudo, el diálogo interno negativo
es la charla del cerebro asociada con la hipoexcitación. También
forma parte de la preparación. Cuando estamos teniendo una respuesta hipoexcitada, es fácil cuestionarnos, creer que no estamos
comprendiendo algo y que algo va mal con nosotros. Se nos olvida
que todo esto es parte de la preparación y que es muy probable que
el niño esté experimentando lo mismo en su interior.

PUNTOS CLAVE DEL CAPÍTULO 13

- La muerte puede ser una representación simbólica de la hipoexcitación del sistema nervioso.
- La muerte puede formar parte de la preparación para hacernos saber lo que se siente al ser indefenso, insignificante y
  profundamente rechazado.
- Durante el juego hipoexcitado, es importante que sienta, se
  regule y sintonice, porque los niños todavía pueden sentirlo
  y siguen necesitando su presencia mientras trabajan en la
  integración de su desregulación.
- Las prácticas de atención plena (mindfulness), las exploraciones del cuerpo y el uso de la respiración mientras se hace
  el muerto son formas eficaces para regularse cuando no
  pueda moverse o hablar.

- A veces, describir la experiencia de la hipoexcitación requiere explicar la ausencia de sensaciones y emociones, ya que el colapso dorsal crea una experiencia anestésica en el cuerpo.

14

Apoyar a los padres durante el juego agresivo

"Mamá, ¿puedes jugar con nosotras hoy?", pregunta Ellen, de 6 años. La madre mira a la terapeuta para ver si es buena idea. La terapeuta asiente con la cabeza, lo que indica que puede entrar en la sala de terapia a jugar.

Entran las tres en la sala de terapia de juego, y Ellen comienza a jugar inmediatamente. Saca un pony y un tigre de juguete. Sin pausa, el tigre empieza a atacar al pony, mordiéndolo y haciéndole daño con violencia. La madre está en shock y no sabe qué hacer ni qué decir, pero está claramente abrumada viendo a su hija jugar de esa manera. La mira rápidamente y le dice, "Ellen, sé buena con el pony. No está bien jugar así". Ellen mira a su madre y luego gira la vista a la terapeuta, a la espera de ver cómo va a responder.

La agresividad no solo es un reto para los terapeutas, sino también para los padres. Tanto si el padre o la madre están en la sala de terapia de juego como observadores o como participantes activos como si están teniendo problemas con la agresividad de su hijo/a en la casa, los padres necesitan tanto apoyo como sus hijos.

Hay muchas teorías acerca de cómo trabajar con los padres. Algunos terapeutas defienden que siempre estén presentes en la sala de terapia de juego. Otros prefieren no tenerlos en la sala y trabajar con ellos solo por separado del niño. Otros mezclan ambos enfoques.

No importa qué teoría utilice siempre y cuando trabajar con los padres forme parte de su práctica. En este capítulo abordaremos la forma de trabajar con los padres cuando están en su sala de terapia juego y comienza el juego agresivo.

Imagine estos escenarios: Un niño con el que está trabajando agarra una pistola, espada, o un par de esposas de juguete y trata de disparar, apuñalar o esposar a su madre. O tal vez intenta hacerle esto a usted mientras que su madre observa. Quizá el niño intenta regar todos los juguetes por el piso o lanzarlos al otro extremo de la sala. ¿Qué hace? ¿Cómo logra que esto sea terapéutico? Y lo más importante, ¿cómo comienza a trabajar con la madre, cuyo sistema nervioso está casi con total seguridad desregulado?

La lección más importante es que, en el momento en que permite a un padre o madre unirse a sus sesiones de terapia de juego, usted es responsable de la regulación de los tres sistemas nerviosos de la sala: el suyo, el del niño y el del padre o la madre.

Olivia, de 3 años, agarró el brazo de su madre en la sala de espera, tirando de ella para que entrara en la sala de terapia de juego. Solo era la tercera sesión, y no había querido que su madre estuviera en la sala de terapia en las dos primeras. La terapeuta accedió a la preferencia de Olivia, y las tres entraron en la sala juntas.

Una vez dentro, la madre se sentó en un taburete para observar. Olivia y la terapeuta procedieron a sentarse en el piso junto a la madre, y Olivia empezó a jugar. Sacó los soldados de juguete y comenzó a recrear una guerra. Los sentimientos de ansiedad e hipervigilancia comenzaron a llenar la habitación de inmediato, ya que no estaba claro si muchos de los soldados estaban a salvo. La terapeuta comenzó a realizar un seguimiento de juego de Olivia, haciendo observaciones sobre lo que estaba haciendo. Mientras seguía el juego, no estaba regulando, modulando la energía ni poniéndole nombre a las emociones aterradoras en la sala, y la intensidad comenzó a subir. El juego de Olivia se hizo más y más violento, pero no hasta el punto de necesitar un límite. Simplemente era intenso. A medida que aumentaba la intensidad, la terapeuta continuó jugando con ella, haciendo observaciones, y su madre continuó observando.

Cuando el juego se volvió más agresivo, la madre empezó a estar visiblemente incómoda, y su cuerpo comenzó a tensarse. Los signos de respuesta parasimpática dorsal empezaron a surgir, ya que estaba claro que la intensidad estaba empezando a resultarle excesiva. La madre estaba empezando a inundarse emocionalmente. La terapeuta, sentada en el suelo y centrada en la niña, no tenía ni idea de que esto estaba sucediendo.

Esta fue una sesión de juego que observé durante una sesión de supervisión. Mientras veía el video grabado, pude ver cómo el juego se desarrollaba y también cómo los sistemas nerviosos de las tres estaban tratando de manejar la intensidad. También sabía que esta niña había sido testigo de violencia doméstica entre su mamá y su papá. Sabía que su padre había sido apartado de la casa después de agredir físicamente a la madre. A medida que la madre estaba allí sentada observando el juego, lo que estaba observando realmente era la violencia que ella misma había experimentado. Su hija estaba recreando la agresividad justo delante de sus ojos y, como resultado, ella estaba reviviendo la experiencia de su propio trauma, sin ningún tipo de apoyo para integrar lo que le estaba pasando.

Como ya he compartido, cuando los niños no sienten la presencia, la autenticidad y la capacidad de regulación del terapeuta, subirán la intensidad de juego hasta que el terapeuta no tenga más remedio que mostrarse. Lo mismo es cierto con los padres. Los niños necesitan sentir a sus padres y, cuando no lo hacen, también suben la intensidad hasta que lo consiguen. Esto habla de la importancia de trabajar con los padres en la sesión para convertirse en reguladores externos. Enseñar a los padres a comprender lo que su hijo está expresando a través de juego es solo una parte de lo que debe suceder. La otra parte es enseñarles cómo modular y regular la energía en su propio cuerpo, de modo que puedan dar ejemplo a sus hijos de cómo hacer lo mismo.

Lo que sucedió a continuación en la sesión fue una gran experiencia de aprendizaje para la terapeuta.

La madre comenzó a desconectar aún más a medida que la intensidad aumentaba, y finalmente se disoció. En el momento en que esto sucedió, la niña alcanzó detrás de ella y tomó una espada de juguete y, con la terapeuta incapaz de detenerla, arremetió contra su madre, golpeándole en la cara. Fue una recreación del trauma.

Obviamente, esto afectó a las tres personas presentes en la sesión, y hubo que hacer algunas reparaciones para ayudar a reestablecer una neurocepción de la seguridad de nuevo, pero esto se consiguió y tanto Olivia como su madre fueron capaces de tener una experiencia de terapia de juego positiva e integradora.

Compartir esta historia es muy importante, ya que pone de relieve el propósito de este capítulo. Estoy muy agradecida de la terapeuta que decidió compartir este video conmigo, para empezar a aprender a trabajar con los padres en la sala de juegos de formas nuevas que apoyen a un nivel más profundo la integración sin permitir que los sistemas nerviosos de nadie se inunden y desconecten.

Cada vez que una persona a la que superviso me traslada a una sesión con el padre o la madre presentes en la sala, una de las primeras preguntas que hago es: "¿Dónde estaba el padre/la madre?". A menudo, cuando los padres están en la sesión, se sientan en una esquina o en una silla alejada de juego que está ocurriendo entre el terapeuta y el niño. A menudo, también, solo son observadores.

Cuando un padre está en la sala, tiene dos clientes, y es su tarea enseñarles a jugar juntos y a interactuar. Esto significa que los padres deben estar en el suelo junto a usted.

Al igual que los terapeutas a menudo se sienten abrumados y aterrorizados por la agresividad, lo mismo les sucede a los padres. Sus propias creencias acerca de si la agresividad se puede permitir o no, sus experiencias pasadas con la agresividad y su propia capacidad de mantenerse conectados consigo mismos en medio de la intensidad va a influir en su ventana de tolerancia en la sala de terapia de juego. Esto se traduce literalmente en si los padres podrán permanecer presentes cuando la agresividad haga acto de presencia en la sala de terapia de juego o si van a tratar de aplacarla.

Por todo ello, es muy importante que el terapeuta enseñe a los padres cómo convertirse en otro regulador externo en la sala, para que puedan sostener al niño cuando la agresividad entre en la sala de terapia de juego. Si no enseñamos a los padres cómo hacer esto, se pierden el aprendizaje de las habilidades que necesitan para apoyar a su hijo cuando la agresividad también se presenta fuera de la sala de terapia de juego. También es más probable que los padres se marchen con la sensación de estar abrumados y traumatizados, y posiblemente no quieran volver nunca más.

HORA DE HACER DE ENTRENADOR

Como ya hemos explorado, los niños necesitan tomar prestada la capacidad de regulación de un adulto, a medida que aprenden cómo gestionar la energía dentro de sí mismos. Esto no solo significa que necesitamos aprender cómo fortalecer nuestra propia capacidad de regulación y ampliar nuestra ventana de tolerancia, sino que tenemos que enseñar también a los padres a hacer lo mismo.

En la Synergetic Play Therapy (Terapia de juego sinergética), cuando un padre o una madre entran en la sala de terapia de juego, el terapeuta se convierte en un entrenador. En un escenario idóneo, el terapeuta sabría de antemano que el padre iba a ser parte de la sesión y habría reservado un tiempo para reunirse con él o ella antes de la sesión para una sesión de entrenamiento. En ella, el terapeuta enseñaría a los padres lo que pueden esperar en la sala de terapia de juego, practicarían algunas de las habilidades que querría que los padres usen, y crearían un sentido de conexión más profunda con los padres para poder apoyarlos en la sala cuando sea necesario. A modo de recordatorio, lo desconocido es una amenaza para el cerebro, así que vamos a preparar a los padres con los que trabajamos, ayudándolos a comprender lo que pueden esperar y predisponiéndolos para el éxito.

REGULACIÓN DE LOS PADRES EN LA SALA DE TERAPIA DE JUEGO

Volvamos a la sesión con Olivia, cuando su madre entró y se sentó en el taburete a observar. ¿Cómo podría haberse manejado esta sesión de manera diferente para evitar la inundación que sufrió su madre y apoyar la integración de los pensamientos, sentimientos y sensaciones de Olivia que surgían en ella a medida que su juego se volvió más agresivo? Vamos a explorar algunas opciones.

- La terapeuta podría haber explicado que prefería que la madre no se uniese a la sesión si consideraba que no era apropiado sin una sesión previa de entrenamiento, dada la naturaleza de las cosas en las que Olivia estaba trabajando.
- La terapeuta podría haber tomado un enfoque más directivo para crear una mayor contención en el juego, mientras determinaba la preparación y la ventana de tolerancia de la madre para un enfoque no directivo.

- Si eligió un enfoque no directivo, la terapeuta podría haberle pedido a la madre que se sentara en el piso junto a ella. (Si hubiera razones físicas que impidieran a la madre sentarse en el suelo, el taburete podría haberse movido al lado de la terapeuta, o esta podría haberse sentado también en un taburete junto a la madre).

- Una vez en el juego, la terapeuta podría haber empezado a modular la intensidad utilizando todas las habilidades que se han analizado en este libro, además de utilizar las observaciones para seguir el juego: ponerle nombre a su experiencia interna en voz alta para permanecer presente con las sensaciones y calmar la amígdala, alargar la respiración para estabilizar la energía y usar el movimiento para integrar la intensidad. Si hubiera hecho esto, también podría alentar a la madre a hacer lo mismo.

- Cuando la terapeuta advirtiera que el cuerpo de la madre comenzaba a tensarse, podría haber detenido el juego para permitirle a la madre regularse o haberla animado a regularse a medida que la intensidad iba en aumento. Sí, no pasa absolutamente nada por pausar el juego cuando un padre está en la sala de terapia.

- Lo más importante es que el terapeuta se convierta en el regulador de todos los sistemas nerviosos de la sala, independientemente de si se adopta un enfoque directivo o no directivo.

Una de las partes más excepcionales de trabajar con los padres de esta forma en la sala de terapia de juego es que los niños pueden observar a sus padres cuidar de sí mismos. Puede comparar esto con la experiencia de un bebé cuando siente que su papá o mamá comienzan a estabilizarse y a hacerse presentes en medio de la intensidad de sus gritos y desregulación. El acto de hacer esto permite que el nervio vago ventral se active, con lo que se logra una sensación de seguridad en el momento (Bullard, 2015). Este es un paso muy importante en la corregulación entre padres e hijos. A medida que los padres comienzan a regularse, los niños empiezan a tomar prestada su capacidad reguladora.

El terapeuta regula a los padres para que ellos puedan regular al niño.

EL ESTABLECIMIENTO DE LÍMITES

Antes de que comencemos a discutir el establecimiento de límites en la sala de terapia de juego cuando un padre está en la sesión, hay un límite mayor que necesita ser explorado. Este es la decisión de si es o no útil que el padre o la madre estén en la sesión en primer lugar, sobre todo si se sabe que la agresividad podría formar parte de juego.

Considere la decisión de permitir o no la presencia de un padre en la sala de terapia una parte de su plan de tratamiento. Si los padres tienen que estar allí con el fin de lograr el objetivo, entonces pídales que estén allí. Si usted no sabe por qué están allí, entonces es probable que no necesiten estar allí. Si los padres van a estar en la sesión, usted necesita saber por qué están allí.

Hay tantas consideraciones que deben tenerse en cuenta a la hora de decidir si desea o no tener a un padre en la sala...

- ¿Conozco la historia de trauma del padre/la madre?
- ¿Quiere el padre/la madre estar en la sesión? (Algunas veces un padre o madre reticente en la sala de terapia puede crear una barrera, por lo que el terapeuta necesita estar dispuesto a trabajar con la resistencia).

- ¿Qué tan amplia es la ventana de tolerancia del padre/la madre para lo que el niño está tratando de integrar?
- ¿Qué tan desarrollada está la capacidad de regulación del padre/la madre?
- ¿Cuán emocionalmente disponible está el padre/la madre?

Todas estas son preguntas que el terapeuta tendrá que considerar a la hora de decidir el método a utilizar cuando el padre o la madre entren en la sala, especialmente si se sospecha que el juego agresivo formará parte del proceso del niño. Si su respuesta a estas preguntas es "No" o "No muy bien", no significa que no sea útil tener a los padres en la sala, sino que usted tendrá que trabajar con los padres aún más para prepararlos para las sesiones o elegir un enfoque más directivo para ayudar a crear más contención.

Incluso si decide no tener al padre o la madre en la sesión, sigue siendo extremadamente importante que trabaje con ellos por separado. Soy consciente de que hay algunas situaciones en las que esto no es posible, pero, en la medida de sus posibilidades, trabaje con los padres para asegurarse de que está ofreciéndoles el apoyo necesario para que toda la familia pueda sanar y crecer al mismo tiempo.

Ya hemos explorado cómo establecer límites sin avergonzar al niño o aplacar su juego. Cuando un padre o madre están en la sala, el terapeuta debe estar dispuesto a entrenar a los padres sobre cómo establecer límites. En primer lugar, esto implica dar ejemplo a los padres de cómo hacerlo.

Cuando Jordan tenía 6 años, su tía lo adoptó después de que sus padres fueran encarcelados por negligencia y abuso infantil. Durante la terapia de Jordan, exploró muchas de las experiencias que había tenido mientras vivía con sus padres. Inicialmente, su juego era increíblemente hiperexcitado mientras reproducía los sentimientos de terror, hipervigilancia y falta de seguridad.

Utilizando los métodos descritos en este libro, fui capaz de ayudarlo a aprender a regularse a través de su desregulación y, finalmente,
integrar los sentimientos y sensaciones con los que estaba teniendo problema. Una vez que aprendió a conectar consigo mismo, su
juego pasó a ser hipoexcitado, a medida que permitía que la tristeza y la sensación de no ser querido hicieran acto de presencia en
el juego. Una vez más trabajé con él para ayudarle a integrar sus
sentimientos. Cuando el juego de Jordan se volvió cada vez más
regulado, sentí que podía ser el momento de que su tía se uniera a
las sesiones. Jordan debió sentir lo mismo, porque dio la casualidad
de que en la siguiente sesión me preguntó si su tía podía entrar.

Ya en la sesión, Jordan empezó a arrojarle cosas a su tía en un
intento de hacerle sentir y entender lo que había pasado. La tía
de Jordan parecía abrumada, lo que me indicó que había llegado
el momento de comenzar a entrenarla modelando cómo hacerlo
en primer lugar. Me acerqué a Jordan, lo miré a los ojos, y le dije:
"Jordan, es muy importante para ti que tu tía entienda cómo te
sentiste. Muéstrale de otra manera". Cuando Jordan se puso a buscar por la sala otra manera, le explique a su tía la importancia de
establecer límites de esta forma. Más adelante en la sesión, Jordan
volvió a intentar abrumar a su tía presionando una almohada contra su cara, sofocándola. Rápidamente me coloqué justo al lado de
su tía y le enseñé cómo establecer el límite para que pudiera practi-
carlo. Su tía no solo fue capaz de establecer el límite sin avergonzar
a Jordan, sino que también pudo entender que sus comportamientos eran su manera de ayudarla a entender toda la angustia que
había sentido en su interior. También descubrió que podía establecer límites con él en casa de esta manera, lo que permitió que
su relación continuara fortaleciéndose. Más tarde me contó que
esta manera de establecer límites, junto con el fortalecimiento de
su capacidad para convertirse en su reguladora externa, había sido

invaluable para su relación, y que su necesidad de abrumarla en la casa había disminuido drásticamente.

En resumen, estas son algunas sugerencias para cuando un padre o una madre se unen a la sesión:

- Los padres deben sentarse en el piso junto a usted para que pueda apoyar la regulación de su sistema nervioso.
- Usted se convierte en un entrenador.
- Es su responsabilidad convertirse en el regulador externo para el padre/la madre y el niño, hasta que los padres sean capaces de ser los reguladores absolutos.

PUNTOS CLAVE DEL CAPÍTULO 14

- La agresividad en la sala de terapia de juego no solo es un reto para los terapeutas, sino que también lo es para los padres. Los padres necesitan apoyo adicional cuando se encuentran en la sala de terapia de juego y el niño comienza a jugar de forma agresiva.
- Independientemente de la teoría de la terapia de juego que utilice, el trabajo con los padres es una parte importante de la terapia.
- Cuando los padres están en la sesión de terapia de juego, es momento de entrenarlos.
- En una sesión de terapia de juego con uno de los padres, el terapeuta se convierte en el regulador externo de todos los sistemas nerviosos presentes en la sala: el suyo propio, el del niño y el del padre o la madre.
- El terapeuta debe estar dispuesto a entrenar a los padres sobre cómo establecer límites para que los padres puedan

permanecer dentro de su ventana de tolerancia durante
la sesión.

Conclusiones

Aprender a trabajar con la agresividad en la sala de terapia de juego es un viaje continuo consigo mismo y con sus clientes, que estará lleno de momentos de sintonía y desintonía. Habrá muchos momentos de ruptura y reparación. No se trata de "hacer lo correcto" en la sala de terapia de juego; se trata de ser real y auténtico, con la intención de sanar; se trata de comprender que todo lo que ocurre en sus sesiones es una experiencia compartida. Estas experiencias compartidas son una puerta abierta hacia un mayor nivel de sanación y transformación.

Respire hondo, confíe en sí mismo, sienta su cuerpo y dé un paso al frente.

Agradecimientos

A todos mis estudiantes a lo largo de los años que insistieron en que escribiera este libro, fue su vulnerabilidad al compartir sus historias conmigo y su confianza en mí lo que me inspiró a escribir este libro para ustedes.

Este libro no habría sido posible sin la ayuda de mis seres queridos, mis amigos, y el enorme sistema de apoyo que creyó en mí más de lo que yo misma creí en mí a veces. Escribir este libro me obligó a enfrentar mis propios miedos con el fin de descubrir mi verdadera voz. También me obligó a encarnar todas las enseñanzas que presento en él y estoy inmensamente agradecida por la transformación que se ha producido en mi interior como resultado. Me gustaría enviar un agradecimiento especial a las siguientes personas:

A mi familia, en especial, a mi madre, Terri Terni, y a mi padre, Steve Terni, por su amor y por creer en mí tanto.

A mi hija, Avery, por su paciencia y comprensión inagotables mientras me pasaba horas escribiendo. Eres mi mayor inspiración.

A Jeremy Dion, por darme fuerzas para seguir y creer en mi potencial. Gracias por cuidar de nuestra hija y darme la libertad de perseguir mis sueños.

A mis queridos amigos Enette Pauze, Jolina Karen y Jayson Gaddis, gracias por ayudarme a enfrentar mis temores en los momentos en que me atasqué escribiendo este libro y necesitaba ánimo.

A Kathy Clarke y Khris Rolfe, por su apoyo inquebrantable y su fe en el poder de este trabajo. Su confianza en mí y en la Synergetic Play Therapy (Terapia de juego sinergética) me da alas.

A mi equipo del Synergetic Play Therapy Institute (Instituto de Terapia de juego sinergética), por todo lo que hacen para ayudarme a ser yo.

Al Dr. John Demartini, por darme permiso para cuestionar mis "debería" y por animarme a ir a por todo en la vida.

A Lari Magnum, quien me guía semanalmente de vuelta a mí, por ayudarme a ver que el mayor regalo que puedo ofrecer a los demás es la presencia.

Gracias también a Stephen Terni, mi hermano gemelo, por estar conmigo en cada paso del camino.

A Krista Reinhardt-Ruprecht, por su talento artístico con las ilustraciones de este libro.

A Dave Garrison: este libro no hubiera sido posible sin usted. Gracias por tomarme de la mano y guiarme a través del alumbramiento de este libro.

A Bonnie Badenoch, por escribir el prólogo de este libro y por las muchas y bellas conversaciones sobre el cerebro que me inspiraron más de lo que puedo expresar con palabras y me ayudaron a dar forma al contenido de este libro.

A Deborah Malmud y Norton, por su paciencia y orientación mientras escribía este libro. Sus comentarios fueron perfectos cada vez y de un valor incalculable.

A mis clientes infantiles, por atacarme con espadas, esposarme, dispararme, gritarme y trabajar tan duro por ayudarme a entender su mundo. Este libro también es para ustedes.

Referencias

Badenoch, B. (2008). *Being a brain-wise therapist: A practical guide to interpersonal neurobiology. (Ser terapeuta conocedor del cerebro: Una guía práctica para la neurobiología interpersonal)*. Nueva York, NY: Norton.

Badenoch, B. (2011). *The brain-savvy therapist's workbook. (El libro de trabajo del terapeuta conocedor del cerebro)*. Nueva York, NY: Norton.

Badenoch, B. (2017). *The heart of trauma. (El corazón del trauma)*. Nueva York, NY: Norton.

Social learning theory. (Teoría del aprendizaje social). Upper Saddle River, NJ: Prentice Hall.

Bratton, S., & Ray, D. (2000). What research shows about play therapy. (Lo que los estudios muestran sobre la terapia de juego). *International Journal of Play Therapy, 9,* 47–88.

Bratton, S., Ray, D., Rhide, T., & Jones, L. (2005). The efficacy of play therapy with children: A meta-analytic review of treatment outcomes. (La eficacia de la terapia de juego con niños: Una revisión metaanalítica de los resultados de tratamiento). *Professional Psychology: Research and Practice, 36,* 378–390.

Bullard, D. (2015). Allan Schore sobre la ciencia del arte de la psicoterapia. Obtenido de www.psychotherapy.net/interview/allan-schore-neuroscience-psychotherapy

Bushman, B. (2002). Does venting anger feed or extinguish the flame? (¿Dejar salir la ira alimenta o extingue la llama?). *Catharsis, Rumination, Distraction, Anger and Aggressive Responding, (Catarsis, mericismo, ira y respuestas agresivas) 28,* 724–731.

Dales, S., & Jerry, P. (2008). Attachment, affect regulation and mutual synchrony in adult psychotherapy. (Apego, regulación del afecto y sincronía mutua en psicoterapia de adultos). *American Journal of Psychotherapy, 62*(3), 300.

Demartini, J. (2010). *Inspired destiny. (Destino inspirado)*. Carlsbad, CA: Hay House.

Dion, L., & Gray, K. (2014). Impact of therapist authentic expression on emotional tolerance in Synergetic Play Therapy. (El impacto de la expresión auténtica del terapeuta en la tolerancia emocional en la terapia de juego sinergética). *International Journal of Play Therapy, 23,* 55–67.

Dispenza, J. (2009). *Desarrolle su cerebro: la ciencia para cambiar la mente*. Buenos Aires: Kier.

Edelman, G. M. (1987). *Darwinismo neurológico*. Nueva York, NY: Basic Books.

Elbert, T., & Schauer, M. (2010). Dissociation following traumatic stress: Etiology and treatment. (Disociación tras sufrir estrés traumático: Etiología y tratamiento). *Journal of Psychology, 218*(2), 109–127.

Fonagy, P., & Target, M. (2002). *Affect regulation, mentalization and the development of the self. (Regulación del afecto, mentalización y autodesarrollo)*. Nueva York, NY: Other Press.

Geen, R. G., & Quanty, M. B. (1977). The catharsis of aggression: An evaluation of a hypothesis. (La catarsis de la agresividad: Evaluación de una hipótesis). En L. Berkowitz (Ed.), *Advances in experimental social psychology* (Avances en psicología socioexperimental) (Vol. 10, pp. 1–37). Nueva York, NY: Academic Press.

Gerhardt, S. (2016). *El amor maternal: la influencia del afecto en el cerebro y las emociones del bebé.* Sitges, Barcelona: Eleftheria.

Ginott, H. (1965). *Entre padres e hijos.* Nueva York, NY: Macmillan.

Gottman, J. (1997). *Raising an emotionally intelligent child: The heart of parenting. (Criar a un hijo emocionalmente inteligente: El corazón de la crianza)*. Nueva York, NY: Fireside.

Heyes, C. (2009). Evolution, development and intentional control of imitation. (Evolución, desarrollo y control intencionado de la imitación). *Philosophical Transactions of the Royal Society B, 364*, 2293–2298.

Iacoboni, M. (2007). Face to face: The neural basis for social mirroring and empathy. (Cara a cara: la base neurológica de la imitación social y la empatía). *Psychiatric Annals, 37*(4), 236–241.

Iacoboni, M. (2012). *Las neuronas espejo: empatía, neuropolítica, autismo, imitación, o de cómo entendemos a los otros.* Buenos Aires: Katz.

Iyengar, B. K. S. (2019). *Luz sobre el yoga: yoga dipika.* Barcelona: Kairós.

Kabat-Zinn, J. (2016). *Mindfulness en la vida cotidiana: donde quiera que vayas, ahí estás.* Barcelona: Paidós Ibérica.

Kestly, T. (2014). Presence and play: Why mindfulness matters. (Presencia y juego: Por qué es importante la atención plena). *International Journal of Play Therapy, 1,* 14-23.

Kestly, T. (2014). *The interpersonal neurobiology of play: Brain-building interventions for emotional well-being. (La neurobiología interpersonal del juego: Intervenciones para cultivar el cerebro en el bienestar emocional)*. Nueva York, NY: Norton.

Levy, A. J. (2011). Neurobiology and the therapeutic action of psychoanalytic play therapy with children. (Neurobiología y la acción terapéutica de la terapia de juego psicoanalítico con niños). *Clinical Social Work Journal, 39,* 50–60. doi:10.1007/s10615-009-0229-x

Marci, C. D., & Reiss, H. (2005). The clinical relevance of psychophysiology: Support for the psychobiology of empathy and psychodynamic process. (La relevancia clinica de la psicofisiología: Fundamentos para la psicobiología de la empatía y el proceso psicodinámico). *American Journal of Psychotherapy, 259*, 213–226.

Mehrabian, A. (1972). *Nonverbal communication. (Comunicación no verbal)*. Chicago, IL: Aldine-Atherton.

Ogden, P., Minton, K., & Pain, C. (2011). *El trauma y el cuerpo: un modelo sensoriomotriz de psicoterapia*. Bilbao: Desclée de Brouwer.

Ogden, P., Pain, C., Minton, K., & Fisher, J. (2005). Including the body in mainstream psychotherapy for traumatized individuals. (La inclusión del cuerpo en la psicoterapia convencional para personas traumatizadas). *Psychologist- Psychoanalyst, 25*(4), 19–24.

Osho (2017). *El libro de la nada = (Hsin hsin ming) : discursos dados por Osho sobre la mente de fe de Sosan*. Móstoles, Madrid: Gaia.

Oxford Dictionaries. (Diccionarios Oxford). Aggression. (Agresividad). Obtenido de https://en.oxforddictionaries.com/definition/aggression

Perry, B. D. (2006). Applying principles of neurodevelopment to clinical work with maltreated and traumatized children: The neurosequential model of therapeutics. (Aplicar los principios del neurodesarrollo al trabajo clínico con niños maltratados y traumatizados: El modelo neurosecuencial de la terapia). En N. B. Webb (Ed.), *Working with traumatized youth in child welfare. (Trabajar con jóvenes traumatizdados en el bienestar infantil)*. Nueva York, NY: Guilford Press.

PESI (2012). Applications of the Adult Attachment Interview with Daniel Siegel. (Aplicaciones de la entrevista con Daniel Siegel sobre el apego en adultos). PESI Publishing and Media.

Porges, S. (2016). *La teoría polivagal: fundamentos neurofisiológicos de las emociones, el apego, la comunicación y la autorregulación*. Madrid: Pléyades, D.L.

Post, B. (2009). *The great behavior breakdown. (La explicación del comportamiento ejemplar)*. Palmyra, VA: Post.

Rizzolatti, G., Fogassi, L., & Gallese, V. (2001). Neurophysiological mechanisms underlying the understanding and imitation of action. *Nature Review Neuroscience, 2*, 660–670.(Mecanismos neurofisiológicos que subyacen la comprensión e imitación de acciones).

Schaeffer, C., & Drewes, A. (2012). *The therapeutic powers of play: 20 core agents of change. (Los poderes terapéuticos del juego: 20 agentes fundamentales del cambio)*. Hoboken, NJ: Wiley & Sons.

Schore, A. N. (1994). *Affect regulation and the origin of the self: The neurobiology of emotional development. (Regulación del afecto y el origen de uno mismo: La neurobiología del desarrollo emocional)*. Nueva York, NY: Erlbaum.

Schore, A. N. (2003). *Affect regulation and the repair of the self. (Regulación del afecto y la reparación de uno mismo)*. Nueva York, NY: Norton.

Schwartz, A., & Maiberger, B. (2018). *EMDR therapy and somatic psychology: Interventions to enhance embodiment in trauma treatment. (Terapia EMDR y psicología somática: Intervenciones para potenciar la asimilación en el tratamiento del trauma)*. Nueva York, NY: Norton.

Siegel, D. J. (2007). *La mente en desarrollo: Cómo interactúan las relaciones y el cerebro para moldear nuestro ser.* ES: Desclée de Brouwer.

Siegel, D. J. (2016). *Cerebro y "mindfulness": la reflexión y la atención plena para cultivar el bienestar.* Barcelona: Paidós.

Siegel, D. J. (2012). *Mindfulness y psicoterapia: técnicas prácticas de atención plena para psicoterapeutas.* Barcelona: Paidós.

Siegel, D. J. (2016). *Guía de bolsillo de neurobiología interpersonal.* Olivella, Barcelona: Eleftheria, D.L.

Siegel, D. J. (2014). *Tormenta cerebral.* Barcelona: Alba.

Siegel, D. J., & Bryson, T. P. (2019). *El cerebro del niño: 12 estrategias revolucionarias para cultivar la mente en desarrollo de tu hijo.* Barcelona: Alba.

Tronick, E. (2007). *The neurobehavioral and social-emotional development of infants and children. (El desarrollo neuroconductual y socioemocional de los bebés y los niños).* Nueva York, NY: Norton.

The challenges of psychoanalytic developmental theory. (Los desafíos de la teoría del desarrollo psicoanalítico). *Journal of the American Psychoanalytic Association, 50*(1), 19–52.

Van Der Kolk, B. (2020) *El cuerpo lleva la cuenta: Cerebro, mente y cuerpo en la superación del trauma.* Frankfurt am Main: Eleftheria.

Zahavi, D. (2001). *Beyond empathy: Phenomenological approaches to intersubjectivity. (Más allá de la empatía: Enfoques fenomenológicos a la intersubjetividad). Journal of Conscious Studies, 8,* 151-67.

Índice

9 781736 873